GRIEGO FILOSÓFICO

GRIEGO FILOSÓFICO

Prólogo de Victoria E. Juliá

Esteban Bieda

Bieda, Esteban Enrique

Griego filosófico / Esteban Enrique Bieda. – 1a ed . – Ciudad Autónoma de Buenos Aires : Esteban Enrique Bieda, 2018.

Libro digital, PDF

Archivo Digital: descarga y online

1. Griego Clásico. 2. Filosofía Antigua. I. Título.

CDD 410

ISBN: 9789874270955

Compaginado desde TeseoPress (www.teseopress.com)

Índice

Agradecimientos 9
Prólogo 11
   Victoria E. Juliá

Un método filosófico 13

1. Estudiar griego 17
2. Griego filosófico 21
3. Los filósofos y el griego 43
4. Inducción, ejercitación y anámnesis. La memoria y el método 45
5. ¿Sueña Google translate con gramáticas científicas? 55
6. Algunos ejemplos 61
7. Conclusión 81

Elementos de morfología nominal 83

8. Artículos 85
9. Segunda declinación: temas en -o 87
10. Primera declinación: temas en -α 89
11. Tercera declinación 93
12. Pronombres 105

Elementos de morfología verbal 107

13. Verbo εἰμί 109
14. Verbos en -ω 111
15. Verbos en -μι 121

Antología de textos **125**
16. Antología 127
17. Primera página de la República de Platón 171

Bibliografía citada 173

Agradecimientos

El presente libro sintetiza los resultados de un trabajo sostenido en lo que originalmente fueron los Seminarios de Grado *Griego filosófico I* y *Griego filosófico II* (dictados durante los años 2013 y 2014 en la Facultad de Filosofía y Letras de la UBA, en colaboración con Victoria Juliá, Claudia Mársico y Marisa Divenosa) y luego en las materias optativas *Griego filosófico I* y *Griego filosófico II* de la Carrera de Filosofía en la misma Facultad (dictadas durante el año 2016, en colaboración con Claudia Mársico, Marisa Divenosa y Francisco Villar). Al agradecimiento a los colegas mencionados, debo destacar muy especialmente a la Dra. Claudia Mársico, con quien desde hace tantos años venimos pensando muchas de las cosas que quedan plasmadas en este escrito.

Las discusiones directa o indirectamente relacionadas con los temas aquí tratados han sido, sin duda, uno de los espacios de reflexión que más nutrieron el trabajo. Ángel Castello, Victoria Juliá, Oscar Conde, Ezequiel Ludueña, Guido Prividera y Anna Prividera, junto a centenas de estudiantes de la Facultad de Filosofía y Letras de la UBA y de la carrera de Filosofía de la UCES, son los co-autores reales de este libro. Fundamentales para la versión final fueron las lecturas atentas, precisas, cuidadosas y críticas de Lucas Soares y de Axel Cherniavsky, amigos y colegas infinitos con quienes tanto aprendo.

En el nombre de Octavio Kulesz se resume la seriedad y responsabilidad de la editorial Teseo, emprendimiento siempre comprometido con los resultados de la investigación académica.

Por último, probablemente sea ella quien más ha contribuido para que este libro exista, al haber alimentado incansablemente el entusiasmo que toda tarea de esta índole requiere. Que el trabajo haya sido ameno, siempre vivo como el fuego heraclíteo y feliz es, sin duda alguna, un mérito estrictamente suyo. Prueba irrefutable de que es ἔρως quien mueve la filosofía, el trabajo y el pensamiento, Paula C. Pichersky es el nombre que se cuela entre cada una de las ideas, futuras inspiraciones y alegrías que de aquí puedan surgir.

Esteban Bieda
Febrero de 2018

Prólogo

Victoria E. Juliá

Me resulta difícil, y está bueno que así sea, recorrer con una actitud objetiva distante las páginas de este libro tan evocador de una praxis docente compartida, desde hace más de cuarenta años, con Lorenzo Mascialino y sus discípulos directos –y dilectos– e indirectos, como es el caso de Esteban, que se incorporó a nuestra comunidad docente cuando él ya no estaba entre nosotros, y supo apropiarse del espíritu de un modo de transmitir conocimientos que incluso trasciende el ámbito de la lengua y la cultura de los antiguos griegos. Ya en una de las primeras páginas nos sorprende al hablar de la imposibilidad de "entrar dos veces en el mismo texto" parafraseando el viejo dicho atribuido a Heráclito; ¿acaso una expresión de escepticismo encubierto? Con actitud nostálgica Atahualpa Yupanqui cantó:

> "¡Qué cosa triste ser río!,
> quién pudiera ser laguna,
> oír el silbo en el junco
> cuando lo besa la luna."

Nostalgia de una identidad plena, nunca vivida pero sí pensada y deseada, propia de nuestra condición trágica, que en su esencial paradoja encuentra reposo en el movimiento regulado del curso de un río, no libre de recodos, saltos y desbordes, pero asegurado por la profundidad de su cauce. Tal es la garantía del método "anamnemónico-inductivo" anclado en la noción de "semántica dinámica", aporte fundamental de Esteban en la delimitación de la especificidad del griego filosófico frente a los vericuetos de traducción e interpretaciones con que el texto filosófico nos desafía. Son cuatro los "momentos" del método en los que recrea, reformula y enriquece las bases puestas por Mascialino en sus transitadas y siempre vivas *Guías para el aprendizaje del griego clásico*. Se cumple el sueño del viejo Maestro: que los discípulos no conviertan en dogma rígido, esclavo de la repetición, la debida lealtad a las líneas rectoras de su enorme tarea docente. Para que esto sea posible, es necesario haber tocado fondo en el estudio y la práctica de la enseñanza recibida.

En una recorrida sintética, digamos que la Parte Primera, organizada en siete títulos o capítulos, ofrece fundamentos teóricos –de sólida inspiración aristotélica– acompañados de numerosos y muy apropiados pasajes, en especial los que en el capítulo VI nos advierten sobre los errores que traducciones castellanas consagradas arrastran, orientando interpretaciones poco fieles al espíritu del texto. Imposible no hacer mención del capítulo V, titulado "¿Sueña el *Google translate* con gramáticas científicas?", un irónico entremés sobre las pretensiones excesivas de la tecnología digital. Las Partes Segunda, Tercera y Cuarta comprenden una serie de cuadros en los que están organizados los elementos indispensables de morfología nominal y verbal, seguidos de una antología de textos para ejercitación, lectura y traducción. Como es norma en el método, el punto de partida es la clave sintáctica, que juega con el dinamismo semántico de los términos y sintagmas que articula. La traducción es un puente para reingresar en el texto en su lengua original. Todo está pensado en función del aula, en función del vínculo didáctico entre enseñar y aprender. En suma, estamos ingresando en el conocimiento del mejor instrumento de trabajo que pueda ponerse en las manos de estudiantes y estudiosos de la filosofía griega, con el plus de una escritura cuidada y elegante que atenúa, sin cercenarlos, los penosos esfuerzos a que nos somete necesariamente todo aprendizaje genuino…

καλὸν γὰρ τὸ ἆθλον καὶ ἡ ἐλπίς μεγάλη[1]

Marzo de 2018

---

[1] "Pues noble es el premio, y la esperanza, grande". Platón, *Fedón* 114c8

Un método filosófico

El verdadero traductor debe ser el poeta del poeta.
Novalis

Toda palabra es un prejuicio.
Nietzsche

1

Estudiar griego

Un conocido ensayo de Virginia Woolf titulado "Acerca de no saber griego" (1925) comienza así:

> "Pues es vano y estúpido hablar de "saber griego", ya que no sabemos cómo sonaban las palabras, o dónde precisamente debemos reír, o cómo actuaban los actores. Entre ese pueblo extranjero y nosotros no sólo hay una diferencia de raza y lengua, sino también una tremenda brecha de tradiciones. Más extraño aún, por lo tanto, es que deseemos saber griego, que tratemos de saber griego, que nos sintamos siempre devueltos al griego y que estemos siempre tratando de inventar (*making up*) alguna idea acerca del significado del griego".[1]

Siguiendo esta línea de Virginia Woolf, la metodología que aquí proponemos se funda en una hipótesis simple y concreta: el griego clásico, como la filosofía, no se *sabe*, no se *posee* como un ítem intelectual estático. El griego clásico se *estudia*, de modo que el vínculo con él resulta siempre dinámico. Y la razón es que el eventual conocimiento que se posea del griego será siempre parcial, sesgado, mudable y sujeto a interpretaciones alternativas en función, o bien de otras miradas, o bien de la propia mirada en permanente cambio debido a los movimientos en el estudio mismo. La lectura de un nuevo texto griego altera el universo de la lengua tanto como el descubrimiento de una nueva estrella altera la conformación de nuestro cielo. Y esto ocurre porque, al tratarse de una lengua muerta –"muerta"

---

[1] Woolf (1925). Nuestra traducción.

en el sentido técnico de no contar con ningún hablante nativo vivo–, el sentido es siempre materia de discusión entre quienes la estudian, por cuanto recae en las relaciones recíprocas entre términos y textos que componen el *corpus* general de la literatura griega clásica. La lectura de un nuevo texto altera, pues, la estabilidad de lo que creíamos saber sobre la lengua y sus significados, pues redefine las relaciones recíprocas entre términos a propósito no sólo de sus vínculos semánticos, sino de su comportamiento sintáctico e, incluso, de su morfología. Al tratarse de un universo cerrado en el que la novedad es tan esporádica como el hallazgo arqueológico de nuevos manuscritos, lo más parecido a la 'verdad' se cifra en tales relaciones recíprocas entre los textos, en permanente cambio debido a la mutabilidad de nuestra propia mirada. Si es cierto que, como (supuestamente) dijo Heráclito, "no es posible entrar dos veces en el mismo río" (22 DK B 91), lo mismo cabe para un texto griego clásico: no es posible entrar dos veces *en el mismo texto*, dado que, como un río, su sentido fluye. De allí que el enfrentamiento con todo texto griego porte cierto carácter trágico, desde el momento en que, en sentido estricto, jamás podremos saber a ciencia cierta qué es lo que han dicho Homero, Parménides, Eurípides, Platón o Aristóteles. El porcentaje de especulación siempre será lo suficientemente elevado como para dejarnos en un estado de sospecha permanente. Sin embargo, es gracias a aquel carácter trágico y a esta sospecha que, precisamente, la filosofía es posible.[2]

---

[2] Algo de esta índole ocurre en "La busca de Averroes" (1974), donde Borges narra la perplejidad del árabe al enfrentarse con los sustantivos griegos τραγῳδία y κωμῳδία en la *Poética* de Aristóteles: "nadie, en el ámbito del Islam, barruntaba lo que querían decir". Según Borges, el filósofo acaba por escribir: "Aristóteles denomina 'tragedia' a los panegíricos y 'comedias' a las sátiras y anatemas. Admirables tragedias y comedias abundan en las páginas del Corán", (pp. 583 y 587). Sin embargo, donde Borges ve "el proceso de una derrota" (p. 587) –afirmación que supone la posibilidad de un 'triunfo' en el terreno de la traducción–, nosotros fundaremos la potencia de la filosofía.

Esta manera de describir nuestra relación con el griego clásico difiere de la que se propone en abordajes orientados desde y hacia la filología clásica, disciplina que anhela situarse entre las ciencias exactas, deseosa siempre de explicarlo todo mediante argumentos reconstruibles racionalmente. El método que aquí proponemos –que en absoluto se pretende mejor o peor que otros, tan sólo alternativo– no tiene por objeto hacer de la lengua un territorio matematizable y pasible de un desciframiento pleno. Por el contrario, supone que la lengua está plagada de zonas que denominaremos "semánticamente dinámicas". El sustantivo griego δύναμις, de donde proviene nuestro adjetivo "dinámico", hace referencia tanto a un poder o capacidad, como al cambio que, merced a tal poder, puede producirse. Las zonas semánticamente dinámicas de la lengua son, pues, términos, expresiones, pasajes o giros de una amplitud semántica suficiente como para dejar margen para la especulación, la reflexión, la creatividad o, en definitiva, para eso que Virginia Woolf llamaba "*inventar* alguna idea acerca del significado del griego". Ese "inventar" es, en el marco de la presente propuesta, una brecha de sentido que puede (y debe) llenar la filosofía; más concretamente, los filósofos. Lo que Woolf refiere a actores y risas en textos literarios, serán los argumentos, los conceptos y las conclusiones característicos de los textos filosóficos.

Es en este rol activo del traductor-filósofo donde, creemos, puede resguardarse aquello que Ortega y Gasset denunciaba a principios del siglo pasado: la pérdida, en la traducción, de las "tres cuartas partes" de lo que trae el original griego.

> "Cuando se compara con el texto una traducción de Platón, aun la más reciente, sorprende e irrita no que las voluptuosidades del estilo platónico se hayan volatilizado al ser vertidas, sino que se pierdan las tres cuartas partes de las cosas, de las cosas mismas que actúan en las frases del filósofo y con que éste, en su viviente pensar, tropieza, que insinúa o acaricia al paso. Por eso, no, como suele creerse, por la amputación

de su belleza interesa tan poco al lector actual. ¿Cómo va a interesar si han vaciado el texto antes y han dejado sólo un tenue perfil sin gozos ni temblores?"[3]

Nuestra apuesta consiste en resguardar tales pérdidas en los aportes que el propio traductor-filósofo pone en juego en sus interpretaciones. En la renuncia a la búsqueda de algo así como la 'verdadera voz' de Platón –o, por caso, de cualquier intelectual al que se intente traducir– se abre, paradójicamente, la multiplicación casi infinita de sus enseñanzas vertidas en tantas versiones como estudiosos de su lengua haya. Y es en la falibilidad y cuestionabilidad intrínsecas de toda interpretación, en sus temblores, donde anida la eternidad de su goce y su belleza.

---

[3] J. Ortega y Gasset, "Miseria y esplendor de la traducción", en *Obras completas*, Madrid, Espasa Calpe, V, pp. 450-451.

2

Griego filosófico

> … sin estar nunca completamente seguros de no haber perdido un destello ultravioleta, una alusión infrarroja.
>
> Umberto Eco[1]

a) El abordaje filológico

Sobre la base –ya explicitada– de que nuestra propuesta no pretende ubicarse cualitativamente por encima de otros métodos para la enseñanza de las lenguas clásicas sino, a lo sumo, convivir y discutir con ellos, veamos a continuación algunas de las características de un abordaje de corte "filológico", siguiendo la propuesta de Daniel Torres en un libro de reciente aparición.[2] Describiendo un método que caracteriza como de "orientación filológica [...] basado en el desarrollo de la morfología histórica", el prof. Torres señala que se trata de "una transposición didáctica de la *Morphologie Historique du Grec*".[3] Esto es ampliado casi de inmediato, haciendo referencia al estudio del verbo griego:

> La originalidad del método tanto desde el punto de vista científico y lingüístico, como didáctico, radica en dos aspectos de la enseñanza y aprendizaje del griego: 1) enfocar el verbo griego no a partir del tema de presente según el ordenamiento habitual de las gramáticas, sino del tema de aoristo,

---

[1] Eco (2008: 119).
[2] Torres (2015). El Profesor Torres es Titular de Filología Griega en la Universidad de Buenos Aires.
[3] Torres (2015: 11). Se refiere, claro está, al clásico libro de P. Chantraine, *Morphologie Historique du Grec*, Paris, Klincksieck, 1945.

que es el más antiguo; 2) Estudiar la formación de paradigmas, basada en un análisis exhaustivo de la sufijación en el tema de presente y de los mecanismos de reduplicación y alternancia vocálica.[4]

El uso del adjetivo "científico" es solidario con la adaptación didáctica de la morfología histórica de Chantraine antes mencionada. Sin entrar en mayores detalles, digamos que el tema de aoristo (nuestro pretérito "perfecto simple" o antiguo "indefinido") es, desde un punto de vista filológico, el tiempo en el que se percibe la morfología del verbo en su mayor 'pureza', esto es: sin las transformaciones necesarias para formar tiempos como el presente o el pretérito imperfecto. La morfología del aoristo constituye lo que Aristóteles denominaría "más cognoscible en términos absolutos", por cuanto se trata de la forma del verbo sin formantes o sufijos agregados. Siguiendo con la terminología aristotélica, esta versión del método filológico propone ir de lo más cognoscible en términos absolutos (el aoristo) a lo más conocido para el estudiante cuando inicia sus estudios del griego: el tiempo presente. En efecto, abordar el estudio del verbo griego según un patrón morfológico-histórico implica no empezar por el tiempo más familiar, sino por el morfológicamente más simple o primario. Este abordaje está, quizás, 'científicamente' justificado, pero debe lidiar con la falta de familiaridad que genera en los estudiantes, algo fundamental en los primeros pasos en el conocimiento de la lengua.

b) El abordaje filosófico

Nuestro método propone partir de lo más familiar para los estudiantes para, luego, avanzar progresivamente hacia las precisiones morfológicas de los distintos tiempos, modos y voces (en el caso de los verbos), hacia las variantes flexivas

---

[4] Torres (2015: 13).

más complejas (en el caso de los nombres) y hacia las precisiones sintácticas de la oración compuesta (en el caso de los textos). En este punto, nuestro método se funda en la siguiente propuesta aristotélica:

> El camino, naturalmente, es partir de las cosas más cognoscibles y claras para nosotros y luego ir en dirección a las más claras y cognoscibles por naturaleza. En efecto, no son lo mismo las cosas cognoscibles para nosotros y las cognoscibles en sentido absoluto. Por eso es necesario avanzar de esta manera: desde lo que es más oscuro por naturaleza pero más claro para nosotros hacia lo que es más claro y cognoscible por naturaleza". (*Física* 184a16-21)[5]

Trasladado esto al estudio del verbo griego que vimos ejemplificado en el abordaje filológico, no partimos del pretérito aoristo dado que, si bien más cognoscible en términos absolutos, resulta, a la vez, menos cognosible o claro para quien por primera vez se acerca al griego clásico, dada la poca familiaridad que se tiene, al comienzo, con nociones como las de "aspecto", fundamentales para comprender la semántica profunda del aoristo. El tiempo presente del modo indicativo es, aristotélicamente hablando, el más familiar o claro para nosotros, aunque menos cognoscible por naturaleza, pues su morfología resulta de una combinación de elementos ausentes en el tema verbal como tal.[6] A

---

[5] En todos los casos las traducciones de textos griegos clásicos son nuestras. Cf. también *Metafísica* VII, 1029b5-10 y *Ética nicomaquea* 1095a30-b5: "que no se nos olvide que son diferentes los razonamientos que parten de los principios y aquellos que conducen a los principios. [...] Se debe empezar, en efecto, por las cosas más cognoscibles, pero esas cosas se dicen tales en dos sentidos: unas son más cognoscibles para nosotros, otras lo son en sentido absoluto. Por lo tanto, debemos empezar, quizás, por las cosas más cognoscibles para nosotros".

[6] Algunos ejemplos: el tema γνω forma el presente reduplicando y añadiendo un sufijo incoativo: γι-γνώ-σκ-ω; el tema μαθ forma el presente con el refuerzo de la sílaba αν más una ν: μα-ν-θ-άν-ω. El aoristo del primer verbo es ἔ-γνω-ν, el del segundo ἔ-μαθ-ον. En ambos casos, como se ve, el tema queda mucho más claramente a la vista.

esta familiaridad intuitiva con el tiempo presente se suma una razón adicional: los verbos griegos no aparecen en el diccionario por el infinitivo –como en el caso de los diccionarios de la lengua española– y mucho menos por el aoristo, sino que aparecen por la primera persona del singular del *tiempo presente* del modo indicativo. De allí, nuevamente, la importancia de comenzar estudiando el tiempo presente para iniciarse, también, en la práctica compleja que constituye el uso del diccionario.[7]

Siguiendo, pues, la veta aristotélica, proponemos comenzar por lo más familiar para el estudiante para avanzar luego hacia las zonas filológicamente más rigurosas de la lengua.

El método que proponemos consta de cuatro momentos: la sintaxis, la traducción, la interpretación y la especulación.

En primer lugar, no partimos de la morfología en estado puro o paradigmático, sino de (i) la *sintaxis* en tanto primer instrumento para arribar a la semántica del texto.[8] En la base misma del análisis sintáctico de una lengua de flexión se encuentra, claro está, la morfología nominal y verbal. Esta instancia morfosintáctica que ocupa la mayor parte del abordaje filológico antes descripto constituye el primer momento de nuestro método, dado que consideramos la gramática un *instrumento* de trabajo, y no el fin.

Un segundo momento consiste en (ii) la *traducción* del texto analizado. Pero traducir el griego clásico difiere notablemente de traducir una lengua moderna, a la vez que traducir textos con contenido filosófico implica una serie de pericias específicas a tener en cuenta. Si, a primera vista,

---

[7] Esto es, en lugar de "amar", el diccionario griego hace entrar el verbo por la forma "amo". Para el uso del diccionario, cf. *infra* §IV.c

[8] Si bien hay varios modos de concebir el análisis sintáctico en la didáctica de las lenguas clásicas, seguimos la modalidad funcionalista con algunos dejos estructuralistas propuesta por O. Conde en "Las lenguas clásicas: sintaxis y didáctica", en Juliá (2001).

podría parecer que traducir significa reemplazar palabras de una lengua por las palabras que le corresponden en otra[9], esta visión ingenua se esfuma cuando nos enfrentamos con un fragmento de un presocrático o con un pasaje de Platón. Es cierto que el vocablo inglés "*sun*" se traduce "sol" tanto como εἶδος se traduce "forma", pero no menos cierto es que "sol" es un término relativamente unívoco en cuanto a su significado, mientras que "forma", como término técnico de la filosofía, necesita de una explicación e interpretación que sustenten y fundamenten la traducción, de modo tal que, a la vez, resulten consecuencias de ella.

De allí que, luego de la sintaxis y a la par de la traducción de un texto con contenido filosófico –antes, durante y después de traducir– se deba tener en cuenta, en tercer lugar, **(iii) la** *interpretación* del mismo, tanto la que surge materialmente del texto como la que el propio traductor-filósofo esté dispuesto a encontrar o, incluso, esté yendo a buscar en él. Para lograr esto es necesario, en primer lugar, conocer las dos lenguas involucradas, la de partida y la de llegada, para no cometer errores básicos como traducir "it's raining cats and dogs" por "están lloviendo gatos y perros". A su vez, en el caso específico de textos filosóficos, a la experticia lingüística del traductor se suma su experticia

---

[9] El problema de qué significa "traducir" tiene, desde ya, larga data. A modo de resumen, puede decirse que alrededor del siglo XIII, en los tiempos en que Roberto de Grosseteste traducía a Aristóteles al latín de manera prácticamente contemporánea a Guillermo de Moerbeke, se entendía la traducción según la modalidad *verbum e verbo* ("palabra por palabra"), modalidad que fue criticada por no mostrar la profundidad filosófica de los textos. No obstante, ya había sido criticada por el propio Cicerón (*De opt. gen. orat.* 4-5) quien, por el contrario, proponía traducir el estilo general del autor (*genus*) y el sentido (*vis*). A fines del siglo XIV, Manuel Chrysoloras propuso un nuevo método que consistía en no traducir palabras, sino significados. Ya en el siglo XV, Leonardo Bruni Aretino fue más allá al proponer traducir ni palabras ni significados, sino frases enteras pero siguiendo el orden y la composición de la lengua de llegada (el latín) y no de la de salida (el griego). Para una breve historia de los distintos modos de entender la traducción, cf. Hernández Muñoz (1992: 145 y ss.).

filosófica, que supone lidiar con los diversos problemas hermenéuticos del texto y de su contexto.[10] Veamos algunos ejemplos de esto.

En el *Eutifrón* Platón utiliza los términos "εἶδος" (6d11) e "ἰδέα" (5d4, 6d11, 6e3), lo cual ha dado lugar a extensas discusiones a propósito de si se trata de un uso coloquial, técnico general, o técnico metafísico: si lo primero, se podrían traducir en torno a la noción castellana de "género"; si lo segundo, podrían tener que ver con el "carácter (universal)"; si lo tercero, ya estaríamos hablando de los paradigmas universales trascendentes que operan como causa de las cualidades de los particulares sensibles, por lo que habría que traducirlos "Idea" o "Forma". Algo similar se puede decir del término central de la metafísica aristotélica, "οὐσία", cuya traducción siempre ha resultado compleja. Por lo pronto, cabe decir que en contextos como el de *Categorías*, se asemeja más a lo que usualmente se traduce "sustancia", en tanto sustrato de inherencia y sujeto de predicación, mientras que en *Metafísica* parece referirse más bien a la esencia de una sustancia, esto es: a lo que hace que una sustancia sea la sustancia que es. Otro ejemplo puede ser el sustantivo διαβολή en la *Apología de Sócrates* platónica, que en muchas de sus ocurrencias significa "calumnia", pero que en 19a1, 19b1 y 20d4 parece significar más bien "prejuicio". Hay todavía casos más extremos de expresiones imposibles de traducir literalmente al castellano si no es mediante un conocimiento de la filosofía del autor y de su léxico: piénsese, por ejemplo, en la fórmula aristotélica "τό τι ἦν εἶναι". También se pueden mencionar términos griegos tradicionalmente

---

[10] En las lenguas modernas, piénsese en el adjetivo inglés "bachelor" que, sin contexto, puede significar tanto "bachiller" como "soltero"; en francés se puede traducir también por "célibataire" que, entre otras cosas, significa "célibe"; algo similar ocurre con el italiano y la traducción "celibe", a la par de "scapolo" y "laureato". O también el caso del francés "bois", que puede significar tanto "madera" como "bosque". Ejemplo cercano, este último, al del griego ὕλη, cuyo significado general es tanto "madera" como "bosque", pero que como término técnico aristotélico es la palabra que designa la "materia".

traducidos de un modo que, en sentido estricto, no reproduce su semántica: un caso emblemático es el del sustantivo ἀρετή, traducido, latín mediante, por "virtud", término más bien restringido al ámbito moral en lenguas romances, mientras que en griego puede referir también a caballos o incluso a entes inanimados como un territorio o a instrumentos en general.[11] A la inversa, algunas traducciones que pretenden desandar lo que la tradición, aun cuando levemente imprecisa, ha instalado, dan por resultado traducciones léxicamente confusas precisamente por el hecho de apartarse de la senda históricamente recorrida por ciertos términos técnicos. Se trata de casos en los que, quizás, es mejor poner una nota al pie aclarando que la traducción exacta no es la tradicional (como el caso de "virtud" para ἀρετή, frente a "excelencia" que, aunque sin dudas más preciso, se halla ausente de prácticamente toda la bibliografía escrita sobre el tema). Un ejemplo emblemático en lengua castellana puede ser el de Eduardo Sinnot y su traducción del término central de la ética aristotélica, εὐδαιμονία, no por el habitual "felicidad", sino por "dicha".[12]

Dicho esto, detengámonos por un momento en el vínculo existente entre la traducción (segundo momento de nuestro método) y la interpretación (el tercero), sobre la base de la siguiente afirmación de H.G. Gadamer: "toda traducción es una interpretación".[13] Partiendo de esta afirmación de Gadamer, proponemos adicionalmente que, si bien toda traducción es una interpretación, no ocurre lo mismo a la inversa: *una interpretación no es una traducción*. Cuando se traduce, siempre se interpreta, por el hecho mismo de que todo traductor porta un bagaje de presupuestos que hacen

---

[11] Para la referencia a caballos, cf. Heródoto III.88 y Platón, *República* 335b; para un territorio, cf. Heródoto IV.198 y Tucídides I.2; para instrumentos, cf. Platón, *República* 601d.

[12] Sinnot (2007). Adicionalmente, Sinnot traduce el adjetivo ὄλβιος por "feliz", complicando notablemente la lectura de su traducción a quienes no conocen el texto griego.

[13] Gadamer (1993: 462).

de su traducción una versión. Sin embargo, esto no ocurre en sentido inverso: podemos interpretar el pensamiento de filósofos a partir de traducciones publicadas, pero eso no implica, obviamente, que en dicha acción de interpretar lo estemos traduciendo, cosa que ya ha hecho antes el traductor. Interpretar no es, pues, traducir. Ahora bien, si toda traducción es una interpretación, entonces nuestra interpretación de las traducciones publicadas resulta ser una interpretación de otra interpretación, la del traductor. De allí que se pueda decir que traducir es interpretar, pero interpretar no es traducir: interpretar es interpretar. Se ve así que en una disciplina como la filosofía antigua, que consiste en la lectura e intepretación filosóficas de pensamientos lejanos en el tiempo y en el espacio, resulta fundamental conocer la lengua original. En caso contrario, al interpretar traducciones publicadas estaremos sumando una dificultad más a la que de por sí conlleva el estudio de épocas, territorios y lenguas tan remotas: los aportes hermenéuticos del propio traductor al que leemos. Una primera solución para quien no conoce el griego clásico sería la consulta de múltiples traducciones-interpretaciones al momento de construir la propia. Esta opción aporta buenas herramientas, pero poco puede hacer frente al cotejo del texto fuente en la lengua original.[14]

A modo de ejemplo, veamos algunas traducciones publicadas de *Ética Nicomaquea* II, 6, 1106b36-1107a2:[15]

> (a) "Es, por lo tanto, la virtud un modo de ser selectivo, siendo un término medio relativo a nosotros, determinado por la razón y por aquello por lo que lo determinaría el hombre prudente" (J. Pallí Bonet, Gredos, 1985).

---

[14] Instancia que, a su vez, presenta sus propios problemas desde el momento en que los textos clásicos que utilizamos en nuestra disciplina son producto de una edición a cargo de un editor que, al tomar decisiones en virtud de las diferencias entre diversos manuscritos, también él mismo interpreta.
[15] Haremos un análisis detallado de este texto *infra* en §VI.b.ii.

(b) "La virtud es, entonces, un hábito electivo que consiste en una medianía en relación con nosotros, definida por una razón, a saber: esa con la que la definiría el prudente" (E. Sinnot, Colihue, 2007).

(c) "Es, por tanto, la virtud un hábito selectivo que consiste en un término medio relativo a nosotros, determinado por la razón por lo que lo definiría el hombre prudente" (O. Guariglia, Eudeba, 1997).

(d) "La virtud es, por consiguiente, un hábito peculiar que consiste en un término medio relativo a nosotros, determinado por la razón y por aquello que se origina en la demarcación del prudente" (S. Rus Rufino y J. Meabe, Tecnos, 2009).

Como se ve, el rol del hombre prudente en lo que respecta al término medio (racional y relativo a un colectivo) en el que consiste la virtud difiere en cada una de las traducciones. La razón (λόγος) de la que se habla en el texto: (i) puede ser la razón del hombre prudente mismo –lectura que se infiere de (b)–; (ii) o más bien el hombre prudente es capaz de comprender esa razón que tiene alguna clase de existencia *a priori* y universal, aun cuando vinculada a un colectivo humano –lectura que se infiere de (c)–; (iii) o la mencionada razón nada tiene que ver con aquel parámetro en virtud del cual el prudente establecería el término medio –lectura que se infiere de (a), donde una cosa es "*la* razón" y otra "aquello por lo que *lo* (*sc.* al término medio) determinaría el prudente"–. Por otro lado, ¿es lo mismo decir que el prudente "determina", "define" o "demarca" (d) ese término medio? La cuestión aquí es que todo esto puede analizarse con mayores y mejores argumentos si se acude al texto griego. Caso contrario, estaremos encerrados en una discusión de las interpretaciones que cada una de las traducciones citadas supone y propone. La importancia de este tercer momento radica justamente en el grado de amplitud que presenta frente al segundo (la traducción). En efecto, interpretar supone haber traducido pero no se agota en ello: "el universo de las interpretaciones es mucho más vasto que el de la traducción propiamente dicha".[16]

Por último, y antes de pasar al cuarto y último momento del método, no debemos descuidar cierta circularidad (virtuosa, no viciosa) que se da entre la traducción y la interpretación. Si bien, retomando las palabras de Gadamer, toda traducción es una interpretación, es cierto que toda traducción supone (debe suponer) una interpretación o conocimiento previo del texto traducido. Es decir que, cuando traducimos, debemos contar con hipótesis previas que iremos a corroborar o refutar en nuestra lectura del texto fuente. Es evidente que ese estado hermenéutico previo a la primera traducción resulta de la lectura de traducciones publicadas del autor en cuestión, pero es justamente para superar esas que podríamos denominar "pre-interpretaciones" que proponemos trabajar con nuestras propias traducciones. El círculo virtuoso tendría los siguiente momentos: primero, formar una serie de pre-interpretaciones a partir de la lectura de traducciones de terceros; segundo, hacer nuestra propia traducción de los pasajes a interpretar; tercero, volver a construir nuestras propias interpretaciones gracias al tránsito por el texto griego original. Como se ve, la segunda interpretación es bien distinta de la primera ("pre-interpretación"), al surgir del enriquecimiento aportado por el texto original.[17] Al igual que los tutores con los tallos de ciertas plantas, las pre-interpretaciones son necesarias (ineludibles) para el ingreso en cualquier texto al proporcionar una orientación básica que permita sostener provisoriamente un sentido sobre el cual construir y apoyar, paulatinamente, el propio. Una vez que la propia interpretación es lo suficientemente robusta como para sostenerse a

---

16 Eco (1998: 303).
17 Esto que llamamos "pre-interpretación" es similar a lo que Gadamer (1998: 63) denomina "anticipación de sentido": "la anticipación de sentido, que involucra el todo, se hace comprensión explícita cuando las partes que se definen desde el todo definen, a su vez, ese todo".

sí misma, se rectifica y ratifica lo que fuera necesario de las pre-interpretaciones con las que se ingresó en el texto. Se trata, en definitiva, de esa oscilación entre la parte (palabra, oración, frase, párrafo) y el todo (texto) en la que consiste el abordaje hermenéutico de un texto: la palabra se entiende en función de la oración de la que forma parte, oración que, a su vez, se entiende en función de las palabras que la constituyen; del mismo modo se da esta relación semántica bicondicional entre la oración y el párrafo, entre el párrafo y el texto, entre el texto y la obra, entre la obra y la época.

De este modo, el vínculo que proponemos con la lengua griega es también "filosófico" porque partimos del hecho de que no es la lengua griega lo que hizo la *República* de Platón, sino la *República* lo que hizo el griego. La lengua al servicio del sentido, y no el sentido persiguiendo el espejado laberinto de la lengua.

Hay, por último, un cuarto momento en nuestra propuesta, que se suma a la sintaxis, la traducción y la interpretación: **(iv) la** *especulación*. Esta instancia retoma directamente aquello que Virginia Woolf denominaba "inventar" y que nosotros tratamos en términos de "especular" o de "pensar". Se trata de capitalizar el trabajo sintáctico, de traducción y de interpretación previos con vistas a hacer filosofía a partir del texto.

Más adelante, en el capítulo §VI, veremos algunos ejemplos concretos de esto. Digamos por ahora que, para que algo así sea posible, el análisis de los aspectos netamente gramaticales del texto debe ser lo suficientemente riguroso como para sostener nuestras especulaciones en torno a él pero, a la vez, lo suficientemente flexible y permeable como para permitir el aporte de elementos tomados tanto del contexto lingüístico, como de nuestro propio contexto como traductores o hermeneutas. Este contexto del traductor no consiste en otra cosa que en sus conocimientos previos en torno a los problemas filosóficos involucrados en el texto. Se trata del bagaje filosófico previo con el que cuenta quien analiza un texto, bagaje que opera (que *debe operar*) fácticamente en dicho análisis. A esto se refiere Umberto Eco cuando habla de "información enciclopédica" del traductor como complemento del contexto netamente lingüístico:

> "Una traducción no depende sólo del contexto lingüístico, sino también de algo que está fuera del texto, y que denominaremos 'información sobre el mundo o información enciclopédica'".[18]

En textos filosóficos, esa información enciclopédica surge del entorno filosófico (personal y colectivo –es decir, en relación con la comunidad teorética a la que pertenece el traductor–) y de las intenciones filosóficas del traductor.[19] De allí que, en nuestra propuesta, traducir no se reduzca a escribir "ratón" allí donde el texto dice μῦς, ni tampoco simplemente a *optar* entre "propiedad", "riqueza", "sustancia" o "naturaleza" cuando el texto dice οὐσία.[20] Enumerar (e incluso elegir) acepciones es tarea de los autores de los diccionarios bilingües, no de los traductores. Un traductor siempre traduce *textos*, y un texto es más que la suma de

---

[18] Eco (1998: 43).
[19] Sabemos, por ejemplo, que hay dos grandes modos de interpretar la ética aristotélica: uno de corte más platónico-kantiano-universalista, representado, en nuestro país, por Guariglia (1997). Otro de corte más comunitarista se ve reflejado, por ejemplo, en Nussbaum (1986). Hay argumentos filosóficos y filológicos para defender una y otra interpretación (véase un ejemplo de esto *infra* en §VI.b.ii), de allí que, como traductores-filósofos, debamos sumar razones extra-gramaticales que se acercan más a una toma de posición (filosófica e, incluso, política), debidamente fundada, no obstante, en tales razones gramaticales. Esta toma de posición responde a lo que hemos denominado "bagaje filosófico" previo del traductor.
[20] Ninguna traducción es inocente en cuanto a sus consecuencias semánticas por fuera de la transposición léxica. Cuán distinto es traducir "rata" o "ratón" en la escena en la que Hamlet mata a Polonio, escondido tras la cortina de la habitación de Gertrudis (acto III, escena 4). El príncipe exclama "How now, a rat?". Es bien diferente traducir "ratón" o "rata", en virtud de lo que cada sustantivo connota en castellano: un ratón es más grande, más pesado, más torpe, y en nuestro lunfardo se asocia a una persona tacaña; la "rata", en cambio, pequeña y escurridiza, hace referencia a un ser vil o malvado, que opera desde las sombras, escabulléndose.

sus términos, por lo que traducirlo implica mucho más que sumar las acepciones léxicas de los términos que lo componen. Aquí entra, pues, el *pensamiento*, instancia que puede habilitar incluso algunos forzamientos léxicos en virtud del objetivo hermenéutico o filosófico que el traductor tenga en función de su modo de entender globalmente el texto que traduce y piensa. Dicho objetivo hermenéutico-filosófico implica que el traductor tiene que decidir el sentido del texto en aquellos puntos donde se encuentre con zonas semánticamente dinámicas, sectores en los que su pericia técnica cede ante su pericia filosófica:

> "Hay casos en los que en el original hay algo que realmente no está claro. Pero son precisamente estos casos los que muestran con más claridad la situación forzada en la que siempre se encuentra el traductor. Aquí no cabe más que resignación. *Tiene que decir con claridad las cosas como él las entiende*".[21]

Es decir, el traductor tiene que *decidir* un sentido entre muchos posibles:

> "Interpretar significa hacer una apuesta al sentido de un texto. Este sentido —que un traductor puede decidir determinar— no está oculto en ningún hiperuranio [...]. Es sólo el resultado de una serie de inferencias que pueden ser compartidas o no por otros lectores".[22]

La literalidad es, por lo tanto, un principio abstracto, un *flatus vocis*, una idea teórica con la que sólo puede soñar un sistema algorítmico.[23] Traducir es, ante todo, tomar decisiones. Y toda decisión es una apuesta. Cuanto mayor

---

[21] Gadamer (1993: 464). Destacado nuestro.
[22] Eco (1998: 198).
[23] "Puede ser que, una vez aclarado el contenido nuclear del término, <el traductor> *decida*, por fidelidad a las intenciones del texto, negociar vistosas infracciones de un abstracto principio de literalidad", Eco (1998: 115). Para la (im)posibilidad de un traductor universal de una gramática científica, cf. *infra* capítulo §V.

haya sido el trabajo en un doble plano –primero, el conocimiento previo del autor traducido; segundo, el trabajo con los aspectos gramaticales del texto y sus zonas semánticamente dinámicas–, cuanto mayor sea este trabajo, decíamos, mayor verosimilitud y sustento tendrá la apuesta del traductor que, no obstante, jamás dejará de ser una apuesta y, como tal, algo discutible. ¿Pero no es acaso esto último, su cuestionabilidad, lo que define todo sistema filosófico occidental conocido hasta hoy? Que las traducciones filosóficamente enriquecidas sean cuestionables es, precisamente, donde reside su valor.

Esta apuesta implica, entonces, que toda traducción supone una resignación, una pérdida que se verifica fatalmente en el traspaso de una lengua a otra:

> "Traducir significa siempre 'limar' algunas de las consecuencias que el término original implicaba. En este sentido, al traducir no se dice nunca lo mismo. La interpretación que precede a la traducción debe establecer cuántas y cuáles de las posibles consecuencias ilativas que el término sugiere pueden limarse, sin estar nunca seguros de no haber perdido un destello ultravioleta, una alusión infrarroja".[24]

Lo que aquí proponemos es considerar esa pérdida positivamente, es decir: como fuente y sustento de una traducción filosóficamente fértil. Si al traducir no se perdiera nada, no sería necesario un traductor humano: el *Google translate* haría todo el trabajo. Sin embargo, la posible pérdida de "destellos ultravioletas" o "alusiones infrarrojas" (frecuencias de luz invisibles al ojo humano) constituye el punto de partida de una traducción filosófica, pues en tales pérdidas se funda la potencia hermenéutica del texto, sus zonas semánticamente dinámicas.

---

[24] Eco (1998: 118-119).

Nuestra propuesta cuestiona explícitamente la máxima *"traduttore, traditore"*, vigente incluso hasta nuestros días, pues asumimos como punto de partida el hecho de que no hay algo así como un "sentido en sí" del texto, un trasfondo objetivo que en cualquier traducción será inevitablemente traicionado. Todo sentido posible de un texto filosófico resulta, necesariamente, del encuentro entre las condiciones gramaticales del texto y las intenciones del traductor, tal como un retrato resulta de las condiciones anatómicas del modelo y las intenciones del pintor.

Ya hemos dicho que tales intenciones están estrechamente vinculadas con el contexto histórico y cultural del traductor. Tal vez el sustantivo πόλις –concepto central de la *República* de Platón– constituya un buen ejemplo de esto. En su traducción para la editorial Losada (2005), Claudia Mársico y Marisa Divenosa traducen "ciudad", al igual que James Adam en su clásico comentario traduce "city" y Georges Leroux en su versión francesa para Flammarion traduce "cité".[25] Sin embargo, hay traducciones más influenciadas por la formación del traductor. Tal es el caso, por ejemplo, de Conrado Eggers Lan quien, en su traducción para la editorial Gredos, traduce "Estado" (*sic*). La mayúscula da cuenta de cierta posición tomada por parte del traductor respecto de la comunidad política que Platón propone fundar, posición en la cual resuena la propia formación y producción política de Eggers Lan en la Argentina. Todavía más comprometida hermenéuticamente resulta la clásica traducción decimonónica de Benjamin Jowett por "commonwealth". Además de teólogo, Jowett fue miembro del Balliol College de la Universidad de Oxford, del cual formó parte, entre otros, el propio Adam Smith. Fue, a su vez, el encargado de la entrada de Platón para la *Enciclopedia británica*. Su opción, por "commonwealth" –término que literalmente significa "riqueza común", pero que tiene larga

---

[25] Adam (1902) y Leroux (2002).

data en la filosofía política sajona– puede vincularse directamente con su filiación con ciertos aspectos de la filosofía política británica.[26]

Este modo de pensar la traducción en virtud del contexto cultural (político, social, económico, etc.) del propio traductor puede resumirse en el hecho de que, en su traducción de la Biblia al alemán, Lutero ha utilizado como sinónimos los verbos *"übersetzen"* ("traducir") y *"verdeutschen"* ("germanizar"), dando cuenta de la importancia de la traducción como asimilación cultural del pueblo al que el traductor pertenece.[27]

A partir de lo dicho hasta aquí, podemos decir que denominamos "filosófico" este modo de abordar el griego clásico por tres razones.

Primera razón: la materia de estudio

La primera razón puede denominarse "material", en la medida en que la materia principal de este abordaje son textos con contenido filosófico. No obstante, en este punto es necesaria una aclaración: por "contenido filosófico" no debe entenderse tan sólo aquello que surge de textos tradicionalmente ubicados en la sección "filosofía" de las

---

[26] Esto que ocurre con los diversos espacios geográficos de los traductores se puede aplicar, también, a sus épocas: "considérese el hecho comprobado de que las traducciones *envejecen*: el inglés de Shakpespeare sigue siendo siempre el mismo, pero el italiano de las traducciones shakespeareanas de hace un siglo denuncia su propia edad", Eco (1998: 220). Cf. Meschonnic (2009: 42-43).

[27] Se abre aquí una cuestión central que, por razones de espacio, no trataremos: la de una ética del traducir, una ética del traductor. En este sentido, quizás ya sea momento de incorporar el voseo a las traducciones rioplatenses por, al menos, dos razones: la primera, abandonar las connotaciones solemnes o arcaizantes que el español "tú" suele tener en nuestro país; la segunda, comenzar a asimilar culturalmente los textos clásicos gracias a leer en ellos expresiones similares a las nuestras, y no a las españolas. Para el tema de la ética del traducir, cf. Meschonnic (2009).

librerías o bibliotecas. Es manifiestamente falsa la dicotomía entre filosofía y poesía, como si se tratara de dos esferas de pensamiento excluyentes. Aunque con sus ámbitos y reglas propios, hay más de un punto en el que se conectan. Sobran los ejemplos de textos literarios con elevado contenido filosófico:

> μανθάνω μὲν οἷα δρᾶν μέλλω κακά, θυμὸς δὲ κρείσσων τῶν ἐμῶν βουλευμάτων.

"Comprendo qué clase de males realizaré, pero el impulso-pasional es más poderoso que mis deliberaciones" (Eurípides, *Medea* 1078-1079).

Este breve parlamento de Medea ocurre momentos antes de cometer el único filicidio de la tragedia griega no motivado por un mandato divino. En unas pocas palabras se condensa una de las problemáticas centrales de la filosofía práctica de los siglos V y IV a.C., que continúa hasta el presente: la tensión permanente entre nuestras deliberaciones racionales, por un lado, y nuestras pasiones e impulsos irracionales, por el otro, cuando se trata de tomar decisiones éticamente relevantes. Medea *sabe* que cometerá actos terribles, sabe que matar a sus hijos será fuente de profundos dolores para ella misma y, sin embargo, no puede evitarlo: sucumbe vencida por su pasión. Un comportamiento como el de Medea sería conceptual y prácticamente imposible, por ejemplo, en el marco del pensamiento socrático-platónico más ortodoxo, según el cual nadie obra a sabiendas y voluntariamente de manera tal que se procure un mal a sí mismo.[28]

---

[28] Es lo que se conoce como "Intelectualismo socrático"; cf. *v.g. Protágoras* 352b-c y 358b-d.

Así como existen innumerables ejemplos más de textos 'literarios' con contenido filosófico que podrían citarse, pueden mencionarse, a la inversa, algunos casos en los que textos filosóficos se sirven de elementos literarios como parte de sus argumentos. Quizás uno de los casos emblemáticos sea el de Heráclito de Éfeso, de quien ya desde la antigüedad se decía que "escribió muchas cosas poéticamente".[29] Nadie negaría la pertenencia de Heráclito al canon de "filósofos" clásicos, aun cuando muchos de sus fragmentos contengan elementos perfectamente catalogables como "poéticos":

αἰὼν παῖς ἐστι παίζων, πεσσεύων· παιδὸς ἡ βασιληίη.

"El tiempo es un niño que juega a los dados: de un niño, el reino" (B52).

χρυσὸν γὰρ οἱ διζήμενοι γῆν πολλὴν ὀρύσσουσι καὶ εὑρίσκουσιν ὀλίγον.

"En efecto, los que buscan oro cavan mucha tierra y descubren poco" (B22).

βίος · τῶι οὖν τόξωι ὄνομα βίος, ἔργον δὲ θάνατος.

"Vida: para el arco, el nombre es ciertamente 'vida', pero la obra, 'muerte'" (B48).

ἀθάνατοι θνητοί, θνητοὶ ἀθάνατοι, ζῶντες τὸν ἐκείνων θάνατον, τὸν δὲ ἐκείνων βίον τεθνεῶτες.

"Inmortales mortales, mortales inmortales, que viven la muerte de aquellos, pero han muerto la vida de aquellos". (B62)

La relevancia filosófica de textos con contenido "poético" o "mítico" también es mencionada por Aristóteles:

---

[29] ... ἔγραψε πολλὰ ποιητικῶς (DK A 1).

ὁ φιλόμυθος φιλόσοφός πώς ἐστιν· ὁ γὰρ μῦθος σύγκειται ἐκ θαυμασίων.

"El amante del mito es, de algún modo, filósofo, pues el mito <sc. como la filosofía> se compone a partir de cosas maravillosas" (*Met.* I, 982b18-9).

Hablando de quienes han transmitido conocimientos primitivos "en forma de mito" (ἐν μύθου σχήματι), Aristóteles también dice lo siguiente:

... θείως ἂν εἰρῆσθαι νομίσειεν καὶ κατὰ τὸ εἰκὸς πολλάκις εὑρημένης εἰς τὸ δυνατὸν ἑκάστης καὶ τέχνης καὶ φιλοσοφίας καὶ πάλιν φθειρομένων καὶ ταύτας τὰς δόξας ἐκείνων οἷον λείψανα περισεσῶσθαι μέχρι τοῦ νῦν.

"... habría que considerar que se expresaron divinamente y que, tras haber sido descubierta cada una de las artes y la filosofía hasta donde era posible y luego haberse destruido nuevamente, esas creencias suyas se han salvado hasta nuestros días como reliquias" (*Met.* XII, 1074b9-13).

Pero el texto que quizá resume de modo más claro la autoconciencia que el mundo clásico tuvo de la superficialidad de la supuesta distinción entre "filosofía" y "poesía" se halla al comienzo del mito que cierra el diálogo platónico *Gorgias*. Sócrates le habla a Calicles:

ἄκουε δή, φασί, μάλα καλοῦ λόγου, ὃν σὺ μὲν ἡγήσῃ μῦθον, ὡς ἐγὼ οἶμαι, ἐγὼ δὲ λόγον.

"Escucha ahora, como dicen, un muy bello *lógos*, que tú, por tu parte, considerarás un *mŷthos*, según creo, pero que yo considero un *lógos*" (*Gorgias* 523a1-2).

La potencia semántica del sustantivo λόγος permite a Sócrates jugar con su doble acepción de "relato" y "argumento", oponerlo primero a μῦθος (cuya denotación apunta más unilateralmente al relato) para, de inmediato, eliminar la supuesta diferencia entre ambos: se trata de un relato con todos los condimentos necesarios para ser considerado un mito (dioses, personajes, alegorías, etc.), pero con una función argumental-filosófica que lo asimila con un λόγος.

Segunda razón: la búsqueda de multivocidad

El abordaje es también "filosófico", en segundo lugar, porque persigue la apertura de la mayor cantidad de sentidos posibles en función de interpretaciones que no sólo se funden en la sintaxis, semántica y morfología del texto (es decir, en sus condiciones gramaticales), sino también en la especulación e intenciones filosóficas de quien lo aborda. Se trata de pensar la lengua como un terreno hermenéutico o heurístico, pero sin dejar de lado ciertas posibilidades filosófico-creativas. Proponemos considerar el texto en términos de zonas semánticamente dinámicas, es decir: zonas que no hagan del sentido algo dado, que está allí para ser descubierto, sino el resultado de una búsqueda, el resultado del encuentro polémico, dialéctico y especulativo que con él tenga quien lo estudia. Consideramos, pues, que la lengua constituye la causa *material* del sentido, pero que en ella no se agota la causa *formal* del mismo. De la causa formal también debe participar activamente una mirada hermenéuticamente consciente, una mirada que dé cuenta de una *intención* hermenéutica: no se trata tanto de saber *qué* dice el texto –cosa virtualmente imposible de manera definitiva–, sino de saber fundamentar gramatical y filosóficamente *lo que nosotros queremos* que diga. Las zonas semánticamente dinámicas de la lengua pueden brindar parte de los argumentos necesarios para llegar a eso. Se trata, en definitiva, de pensar la lengua *no como límite* de los sentidos posibles del texto, sino como fuente de sus variadas posibilidades interpretativas, es decir: la lengua como posibilidad, como δύναμις. Esta perspectiva pone el énfasis, como se ve, en la riqueza que constituye el hecho de que, en cierto sentido, leer una traducción de un texto griego clásico nos ayuda a conocer tanto al autor traducido como al traductor y su contexto. Si, como dijo Novalis, "el traductor debe ser el poeta del poeta", en nuestro caso el traductor debe ser el filósofo del filósofo.

Tercera razón: la filosofía como intermediaria

La tercera razón por la cual denominamos "filosófico" este modo de estudiar la lengua griega surge de entender la propia "filosofía" tal como Platón la concibió en el *Banquete*.[30] Allí Sócrates insiste en que ningún hombre es sabio (σοφός) –condición reservada a los dioses–, así como tampoco ignorante (en el sentido de no saber nada), sino que, a lo sumo, el ser humano puede situarse en un territorio de permanente aspiración a una σοφία que le está vedada en su completitud, pero a la que podrá acceder de modos que, aunque no absolutos, sí resultan satisfactorios. Sócrates denomina "φιλο-σοφία" a esta aspiración, a esta *tendencia* permanente hacia algo que difícilmente se alcanza de manera plena –el plano de lo 'en sí'– pero que orienta nuestras investigaciones.

Algo similar es lo que proponemos aquí: sobre una base técnica aportada por la materialidad de la lengua en todas sus dimensiones gramaticales, la hermenéutica filosófica suma cierta especulación creativa. Esta "especulación" debe, ante todo, detectar las condiciones formales que oficiarán de límites para la tarea interpretativa, pero es en la detección precisa y ajustada de los límites donde surgen, a la par, los márgenes aceptables de libertad y creatividad filosóficas. Así como *Éros* en el *Banquete* es hijo de la carencia (πενία) y el recurso (πόρος), el abordaje filosófico del griego clásico hace de la gramática su *recurso* material, a la vez que se enfrenta con la *carencia* de significados precisos y definitivos. Es en la riqueza de esa imprecisión semántica donde la filosofía es posible.

---

[30] Cf. *Banquete* 201d y ss.

3

Los filósofos y el griego

Este modo de trabajar con la lengua se puede ejemplificar en, al menos, dos grandes ejes. El primero es el del uso que los propios filósofos han hecho de este recurso con vistas a dar forma a su propio pensamiento. Un caso emblemático es, claro está, el de Heidegger. Tomemos, a modo de ejemplo, el fragmento 22 DK B 123: φύσις κρύπτεσθαι φιλεῖ, tradicionalmente traducido como "la naturaleza ama ocultarse". Heidegger traduce: "El surgir da su favor al declinar".[1] La explicación de dicha traducción es la siguiente:

> "Nos sorprendermos al oír estas palabras sobre la *phýsis*, pues ella es, en tanto 'siempre surgir', un 'nunca declinar', es decir: un 'nunca ingresar en el ocultamiento' [...]. Pero si este 'siempre surgir' se aparta de algo, se vuelve contra algo o no conoce algo, entonces el siempre surgir es el ocultar [...]. De acuerdo con esas palabras, entonces, el surgir pertenece con su propia esencia al ocultarse. ¿Cómo puede rimar eso con la esencia de la *phýsis*? Aquí Heráclito se contradice a sí mismo [...]. Sin embargo, la doctrina hegeliana de la 'contradicción' se funda en presupuestos específicos que son extraños al pensar inicial de los griegos. Por lo tanto, la salida de la dialéctica es fácil y tiene la ventaja de despertar la apariencia de profundidad. Pero, vista desde el punto de vista de Heráclito, ella sigue siendo una fuga y una cobardía del pensar, es decir, un apartarse del ser que aquí se despeja [...]. En otras palabras, para nosotros es mejor no conocer el silbido de la dialéctica y permitir que el entendimiento realmente se inmovilice".[2]

---

[1] Heidegger (2014: 132).
[2] Heidegger (2014: 132-133 y 139).

Esta interpretación y discusión posterior sólo es posible sobre la base de entender "φύσις" como "surgir", "κρύπτεσθαι" como "hecho de ocultarse" y "φιλεῖ" como "dar un favor a algo/alguien", interpretaciones que no se sustentan en una base estrictamente filológica o formal, sino en una eminentemente filosófica en función de las intenciones de Heidegger. En otras palabras, leyendo el *Heráclito* de Heidegger, ¿conocemos más el pensamiento de Heráclito o el del propio Heidegger?[3]

---

[3] Quizás pueda decirse algo similar de traducciones como la de Colli: "La naturaleza trascendente ama esconderse", cuya justificación reza: "El noúmeno está todavía más allá, en un insondable abismo que es su verdadera patria, en un tormento solitario cuya inaccesibilidad consuela. Como tal, pierde su individualidad, la indeterminación interior que se siente aislada frente a una realidad que la circunda y se profundiza como intimidad objetiva" (2008: 188).

4

Inducción, ejercitación y anámnesis

La memoria y el método

λήθη γὰρ ἐπιστήμης ἔξοδος, μελέτη δὲ πάλιν καινὴν ἐμποιοῦσα ἀντὶ τῆς ἀπιούσης μνήμην σῴζει τὴν ἐπιστήμην.

Platón, *Banquete* 208a4-6

a) Los métodos deductivo-hipomnemónicos

Abordaremos en este apartado la cuestión de la pertinencia de la memorización de paradigmas nominales y verbales, así como también de un léxico básico, para el aprendizaje del griego clásico. Se trata, a fin de cuentas, de una cuestión largamente discutida: ¿se debe permitir al estudiante que recurra al diccionario y a los cuadros con la morfología nominal y verbal, incluso en las instancias de examen? Es habitual que los métodos de corte más filológico como el que ya comentamos exijan la memorización de la morfología, a la vez que de un léxico básico general.[1] Nuestra propuesta, por el contrario, permite que los estudiantes trabajen con el diccionario y con cuadros con la morfología, incluso en los exámenes.

Ahora bien, contra lo que podría pensarse a primera vista, no pretendemos con esto descartar toda forma de memorización, sino hacer de ella una meta compleja, esto

---

[1] Para el caso específico del uso del diccionario, cf. *infra* el punto c) del presente apartado.

es, no hacer de la memoria un mero dispositivo mecánico y repetitivo que resulte en una mera apariencia de memorización o pura retención y no en la posesión firme, orgánica y genuina de los datos necesarios para trabajar dinámicamente con el griego clásico. Hacia el final del *Fedro*, Sócrates narra el famoso mito según el cual el dios egipcio Theuth habría inventado la escritura –junto con otras artes– para luego ofrecérsela al rey Thamus. A propósito del caso puntual de la escritura, Theuth asegura al rey Thamus que "este conocimiento proporcionará egipcios más sabios y memoriosos, pues fue descubierto como fármaco de la memoria y de la sabiduría" (274e). Sin embargo, el rey Thamus opina exactamente lo contrario:

> σύ, πατὴρ ὢν γραμμάτων, δι' εὔνοιαν τοὐναντίον εἶπες ἢ δύναται. τοῦτο γὰρ τῶν μαθόντων λήθην μὲν ἐν ψυχαῖς παρέξει μνήμης ἀμελετησίᾳ, ἅτε διὰ πίστιν γραφῆς ἔξωθεν ὑπ' ἀλλοτρίων τύπων, οὐκ ἔνδοθεν αὐτοὺς ὑφ' αὑτῶν ἀναμιμνῃσκομένους· οὔκουν μνήμης ἀλλὰ ὑπομνήσεως φάρμακον ηὗρες. σοφίας δὲ τοῖς μαθηταῖς δόξαν, οὐκ ἀλήθειαν πορίζεις.

"Tú, por ser el padre de las letras, por bondad hacia ellas afirmas lo contrario de lo que son capaces <de hacer>. Pues proporcionarán esto: olvido en las almas de los que aprenden debido a un descuido de la memoria, dado que, gracias a la confianza en la escritura, rememorarán desde afuera, por la acción de caracteres foráneos, y no ellos mismos, desde adentro, por la acción de sí mismos. Por lo tanto, no descubriste un fármaco de la memoria, sino de un recordatorio. Facilitas a tus discípulos apariencia de sabiduría, no verdad" (*Fedro* 275a).

La clave del pasaje radica en la diferencia conceptual que se establece entre una valoración positiva de la memoria plasmada en el participio del verbo ἀναμιμνῄσκω y una valoración negativa plasmada en el sustantivo ὑπόμνησις. La primera clase de recuerdo ocurre desde adentro y por nuestra propia acción, mientras que la segunda ocurre desde afuera y gracias a la acción de elementos ajenos: las letras.

La exigencia de memorización mecánica de paradigmas copiados en el pizarrón o dados en una ficha impresa no genera más que un mero recordatorio (ὑπόμνησις), esto es: una posesión endeble que no se sostiene más que en la repetición mecánica de tales paradigmas. La desvinculación casi total que este recurso guarda con los textos, donde las formas aparecen efectivamente en sus contextos de uso y en sus relaciones recíprocas, deja al estudiante en una situación que hace de su memoria una simple imagen sin profundidad u organicidad, aun cuando se los invite a razonar a propósito de los modos en que cada una de las formas se construye.[2] Estos métodos que denominaremos "hipomnémicos" (en referencia al término griego ὑπόμνησις, "recordatorio") operan, a su vez, según una lógica *deductiva*, pues parten de los paradigmas morfológicos generales completos y, recién entonces, infieren la presencia de tales formas en los textos. Proponen, pues, ir de los paradigmas generales en dirección a los textos y usos particulares.

b) Un método inductivo-anamnemónico basado en la ejercitación

Nuestra propuesta retoma algunos postulados básicos del método propuesto por Lorenzo Mascialino en sus ya clásicas *Guías para el aprendizaje del griego clásico*.[3] El núcleo de tal método consiste en realizar una construcción inductiva de los paradigmas morfológicos: en lugar de ir de lo general a lo particular, se va de las ocurrencias concretas y

---

[2] La artificialidad de esta mecánica se evidencia en el hecho obvio de que, a diferencia de lo que ocurre con los textos que nos han llegado, no tenemos testimonio ninguno de un griego de la antigüedad que se haya dedicado a escribir términos aislados para ser analizados morfológicamente. De allí que la sistematicidad del análisis morfológico de palabras sueltas en un pizarrón resulta un ejercicio inevitablemente artificial y, por ello mismo, alejado de los contextos efectivos de uso.

[3] Mascialino (2014). A su vez, el método allí descripto es retomado y desarrollado por O. Conde en "Las lenguas clásicas: sintaxis y didáctica", en Juliá (2001).

particulares de las diversas formas presentes en los textos y a partir de los contextos sintácticos y semánticos de uso efectivo se construyen, paulatinamente, los paradigmas. Se trata de "no comenzar por el estudio de la gramática para luego poner en práctica los conocimientos teóricos mediante la lectura de textos, sino que, a la inversa, se propone el enfrentamiento directo con los textos para inferir de ellos paulatinamente las normas gramaticales".[4] Nuevamente, hay aquí una metodología de corte aristotélico:

δῆλον δὴ ὅτι ἡμῖν τὰ πρῶτα ἐπαγωγῇ γνωρίζειν ἀναγκαῖον.

"Es evidente, entonces, que para nosotros es necesario conocer las cosas primeras <es decir, los principios> por inducción" (*An. Post.* 100b).

Asimismo, se permite al estudiante la consulta permanente de fichas con la morfología nominal y verbal, descartando toda aspiración a una memorización mecánica. Retomando las categorías del *Fedro*, y producto de tantísimos años de puesta en práctica de este modo de trabajo, al no forzar que la memoria retenga "caracteres foráneos", la mirada se acostumbra, paulatinamente, a detectar los accidentes de nombres y verbos en virtud de su presencia en oraciones concretas y, así, a organizar la morfología con vistas a la sintaxis. La frecuentación sistemática de este tipo de situaciones gracias a la ejercitación permanente a cargo de los estudiantes acaba produciendo una memorización no mecánica, sino espontánea y genuina, sin forzamiento ninguno, logrando que las formas surjan, a la postre, del interior mismo de quien se enfrenta a un texto y no de un recordatorio anclado en imágenes exteriores, descontextualizadas e inorgánicas. Porque, como bien afirmaba el *Fedro* platónico, la ὑπόμνησις resulta, paradójicamente, en

---

4   García Romero (1992: 99). García Romero es Profesor de *Filología Griega* de la Universidad Complutense de Madrid. Cf. Hernández Muñoz (1992: 155).

un "descuido de la memoria" (μνήμης ἀμελετησία), y no en su fortalecimiento. Así, la permanente y responsable utilización de las fichas con la morfología acaba por hacer de tales fichas, paradójicamente, una herramienta cada vez más prescindible, que los estudiantes sólo consultan para corroborar lo que espontánea y orgánicamente recuerdan al enfrentarse con una forma particular en un texto particular. No se trata, como se ve, de alentar ὑπομνήσεις, sino ἀναμνήσεις, esto es: recuerdos que se disparan o activan al enfrentarse a casos particulares que responden a los paradigmas. Un principiante que ha memorizado mecánicamente un paradigma morfológico es capaz, seguramente, de declamar todas las formas, una detrás de otra; un principiante que trabaja con fichas morfológicas no podrá, quizás, hacer algo semejante. Sin embargo, inmediatamente después del examen o de cursada la materia, el primero probablemente olvide lo que había memorizado mecánicamente, habida cuenta del carácter endeble de su recuerdo hipomnémico, mientras que el segundo paulatinamente tendrá disponible la información necesaria toda vez que se enfrente con un texto nuevo, gracias a la formación paulatina de una memoria anamnémica.

El vínculo entre nuestra propuesta anamnémica y la raigambre inductiva surgida del método de Mascialino es estrecho, pues, contra la ortodoxia platónica a propósito del origen de los recuerdos rememorados a través de la ἀνάμνησις, no suponemos que los paradigmas morfológicos sean conocimientos innatos a recuperar, sino que tales paradigmas se construyen por inducción. Este modo de comprender la reminiscencia en relación estrecha con la ἐπαγωγή ya ha sido vislumbrado por el propio Aristóteles en su crítica a la ἀνάμνησις platónica:

> "La ἀνάμνησις no es ni una readquisición ni una adquisición (ἀνάληψις οὔτε λῆψις) de memoria, pues cuando alguien aprende o experimenta por primera vez, ni recupera la memoria de nada en absoluto —ya que la memoria tampoco

había actuado antes en absoluto— ni la adquiere desde el principio. Y es que hay memoria cuando el estado o la afección <correspondiente> surge en <quien recuerda>, de modo que no surge <inmediatamente> a continuación de la experiencia [...]. El recordar en sí no se produce hasta que no ha pasado un tiempo, pues se recuerda ahora lo que se vio o experimentó antes; lo que se experimentó recién no se recuerda ahora. [...] Cuando se recupera (ἀναλαμβάνω) el conocimiento, o la sensación, o aquello cuya posesión llamamos «memoria», eso es, por cierto, tener reminiscencia" (*De mem. et reminisc.* 451a20-b5).

Ese "paso del tiempo" en la frecuentación de lo que luego se recordará responde a la frecuentación paulatina y repetida de las diversas formas verbales y nominales. ἀνάμνησις y ἐπαγωγή resultan, así, dos conceptos estrechamente relacionados. Ahora bien, tal relación no es natural o espontánea, sino que se completa con, al menos, dos instancias: (i) la práctica (ἄσκησις) permanente como vehículo capaz de afianzar la afirmación anamnémica de los paradigmas morfológicos; y (ii) la explicación de las reglas conforme las cuales se construyen las diversas formas nominales y verbales, de modo que se puedan inducir las reglas generales a partir de los casos particulares. Esta segunda instancia no es más que el requisito platónico para transformar en conocimientos nuestras opiniones surgidas de la frecuentación práctica de alguna cuestión: la comprensión racional de la causa (αἰτίας λογισμός) por la que tal o cual cuestión es como es.[5]

Todo lo dicho confluye en el siguiente texto del *Banquete*, que vincula explícitamente la memoria con la ejercitación:

λήθη γὰρ ἐπιστήμης ἔξοδος, μελέτη δὲ πάλιν καινὴν ἐμποιοῦσα ἀντὶ τῆς ἀπιούσης μνήμην σῴζει τὴν ἐπιστήμην.

---

5 Cf. Platón, *Menón* 98a.

"El olvido es salida de conocimiento, pero la ejercitación, al reponer otra vez una memoria nueva frente a la que está huyendo, salvaguarda el conocimiento" (*Banquete* 208a4-6).

c) El diccionario

Algo similar a esto es lo que proponemos respecto del uso del diccionario. Si hay una razón por la que el griego clásico no es una lengua muerta –a no ser en el sentido técnico de no contar con hablantes nativos vivos– es, precisamente, por su riqueza y complejidad semánticas. ¿Qué virtud podría haber, pues, en la fosilización de significados para términos que, por su riqueza, resultan imposibles de simplificar semánticamente, esto es: que siempre merecen una reflexión por parte del traductor, que debe atender no sólo al término en sí, sino al contexto en el que se encuentra y al modo en que el autor suele utilizarlo? ¿Qué ocurriría con un estudiante que haya memorizado que "λόγος" significa "palabra" cuando se enfrenta al fragmento 1 de Heráclito? No sólo que tal información le serviría de poco para traducir e interpretar el fragmento, sino que también complicaría notablemente su trabajo. La memorización de léxicos en dos columnas (un término griego enfrentado a un término castellano) resulta un raquitismo semántico ausente, como tal, en la lengua griega clásica:

> "Debemos renunciar a la idea de que traducir significa sólo transferir o verter de un conjunto de símbolos en otro, porque una determinada palabra en una lengua natural Alfa suele tener más de un término correspondiente en una lengua natural Beta".[6]

Nuestro objetivo es que los estudiantes traduzcan, pero que traduzcan *textos*. Ya hemos dicho que jamás se trata de traducir términos aislados, pues de la Antigüedad clásica nos han llegado textos en los que las palabras se definen

---

[6] Eco (1998: 37).

y redefinen en función de sus relaciones recíprocas, tanto semánticas como sintácticas. De allí que entendamos que "traducir" el griego clásico es, según hemos dicho ya, mucho más que trasponer en lengua castellana una sucesión cuantitativa de términos sucesivos en un texto, pues implica interpretar y especular como instancias ineludibles. El diccionario, por lo tanto, no "traduce", sino que constituye una de las *herramientas* necesarias para traducir, herramienta que no sólo no agota la traducción, sino que no es la única. Si el diccionario tradujera, bastaría con tener uno para traducir la *Ilíada*. Es más: un diccionario bilingüe griego-español contendría en sí, cual biblioteca de una Babel traductológica, todas las traducciones posibles entre ambas lenguas. Pero esto, lo sabemos muy bien, no es así. Porque traducir el griego clásico no se agota, digámoslo una vez más, en verter alguna de la acepciones dadas por el diccionario, sino en elegir cuál es la más adecuada en función tanto de la economía interna del texto, como de nuestras hipótesis de lectura, es decir: de la interpretación que estemos queriendo sostener y de nuestras especulaciones al respecto.[7] En este marco, el diccionario se vuelve, evidentemente, un instrumento más de trabajo, relativamente inocuo en lo que a la decisión final de una traducción filosóficamente enriquecida respecta.

Hay, no obstante, quienes sostienen que los estudiantes no deben utilizar diccionario. Uno de los argumentos para ello es el siguiente:

---

[7] En palabras de García Romero (1992: 96): "la traducción debe ir siempre acompañada de un comentario en el que profesor y alumnos analicen gramatical *y estéticamente* la lengua e interpreten el contenido de los textos, todo ello a la luz de las circunstancias en que fueron compuestos. Sólo así será posible que el alumno consiga asimilar, intelectual *y afectivamente*, la cultura clásica, directamente a partir de unos textos que, en efecto, no ponen a prueba únicamente la inteligencia, sino que el hombre entero es puesto en juego por ellos".

"Muchas veces hemos oído eso de '¿para qué he de aprender esos términos, si vienen en el diccionario?' Efectivamente, también las tablas de multiplicar o los ríos de España aparecen en los libros de texto, pero a nadie se le ocurre decir que basta con la letra impresa. [...] Es la memoria la que sabe almacenar esos datos para sacarlos a la luz en el momento adecuado".[8]

Hay en este argumento al menos dos problemas. El primero es que, como se ve, se supone una memoria de tipo hipomnémica, es decir: mero reservorio de acepciones previamente memorizadas. El segundo consiste en la falacia que encierra la analogía que propone, pues 7×7 es *siempre* 49 y el río que pasa por Zaragoza es *siempre* el Ebro. Sin embargo, λόγος *no siempre* significa "palabra", οὐσία *no siempre* significa "propiedad" y el verbo νομίζω *no siempre* significa "acostumbrar". Podría tener algún sentido memorizar aquello que siempre es igual para contar más fácilmente con ese dato cuando haga falta, pero poco sentido tendría fosilizar en una memorización estática una o dos acepciones de términos cuya semántica es lo suficientemente dinámica como para considerar toda su amplitud en cada una de sus ocurrencias en los textos.

Asimismo, en nuestra propuesta *todos* los textos con los que se enfrenta el estudiante son originales, es decir: salvo por alguna mínima modificación con fines estrictamente pedagógicos –modificación de la que, desde ya, se informa al estudiante–, ningún texto ha sido inventado. La utilización de frases ficticias suele fundamentarse en razones pedagógicas pero, por el contrario, acaba generando el efecto contrario al propuesto: "el empleo inicial de frases ficticias provoca la *separación*, desde un principio, de los contextos lingüístico, literario y cultural, cuya unión es especialmente importante en el caso de una lengua

---

[8] Gallego Pérez (1992: 207). Cf. también Torres (2015: 16): "... las evaluaciones se realizan sin diccionario, para favorecer la incorporación gradual del vocabulario de uso frecuente".

que, como el griego antiguo, conocemos y estudiamos casi exclusivamente a través de textos escritos".[9] En la Parte cuarta del presente libro incluimos, pues, una antología de textos cuyo criterio de selección ha sido doble: por un lado, se buscó respetar la paulatina y progresiva dificultad en lo que a cuestiones gramaticales generales respecta; por el otro, se intentó privilegiar textos que, superado el abordaje gramatical, permitan pensar y repensar las traducciones posibles en virtud de los diversos modos de interpretar los problemas filosóficos que contienen.

En conclusión, si el diccionario no traduce y nuestro objetivo es que los estudiantes traduzcan, no existe problema alguno en que lo utilicen al momento de realizar sus exámenes. Porque una de las cosas que, precisamente, se evalúa en un examen de griego (a la par de la sintaxis y la traducción) concierne a la correcta utilización del diccionario en tanto instrumento o herramienta de trabajo.

---

[9] García Romero (1992: 100). Cf. Hernández Muñoz (1992: 156).

5

¿Sueña *Google translate* con gramáticas científicas?

Un abordaje filológico-científico del griego clásico como el que hemos comentado hace de la lengua un territorio potencialmente matematizable y descifrable mediante la aplicación de una serie de fórmulas o paradigmas más o menos rígidos y, así, abre la posibilidad de fantasear con un algoritmo capaz de analizar y traducir de manera automática, sin necesidad de la intervención de un ente animado capaz de deliberar, reflexionar y, sobre todo, decidir y desear. Así como no habría involucrados deseo o voluntad de un agente humano en la descripción de una molécula de agua con dos átomos de hidrógeno y uno de oxígeno, tampoco los habría si la lengua de la Grecia clásica –y, con ella, su pensamiento y su cultura– pudiese ser reducida a un objeto meramente analizable, matematizable.

No obstante, en lo que a la traducción de las lenguas modernas respecta, sí hay un recurso que se pretende capaz de prescindir de un agente humano. El *Google translate* se presenta como una plataforma cada vez más utilizada en ámbitos no sólo privados, sino también institucionales y académicos. Veamos algunos ejemplos de traducciones de *Google translate* entre el español y el inglés:[1]

---

[1] Ya Eco (2008) había intentado un experimento similar con el traductor BabelFish (www.babelfish.com).

1) Cuando le pedimos que traduzca la siguiente oración: "El perro ladra feliz mirando a su amo", propone: "The dog barks happily looking at his master". La traducción es, sin dudas, correcta. Al pedirle a *Google translate* que traduzca su propia traducción nuevamente al español, propone: "El perro ladra feliz mirando a su amo". Idéntico al original.

2) Veamos qué ocurre cuando le pedimos que traduzca un texto más complejo:

> "Por lo demás era como si el que te dije hubiera tenido la intención de narrar algunas cosas, puesto que había guardado una considerable cantidad de fichas y papelitos, esperando al parecer que terminaran por aglutinarse sin demasiada pérdida".[2]

La propuesta de *Google translate* es:

> "Besides, it was as if the one I told you had intended to narrate some things, since he had kept a considerable amount of chips and slips of paper, apparently hoping that they would come together without too much loss".

Salvo por cierta dificultad para captar el sentido de la expresión rioplatense "el que te dije", la traducción no se aleja demasiado del original. Bastaría, podría decirse, con incorporar al sistema aquella expresión. Pero veamos qué ocurre cuando le pedimos a *Google* que vuelva a traducir su propia traducción nuevamente al español:

> "Además, era como si el que te dijera tuviera la intención de narrar algunas cosas, ya que había guardado una cantidad considerable de fichas y trozos de papel, aparentemente con la esperanza de que se reunirían sin demasiada pérdida".

---

[2] Se trata del comienzo de la novela *Libro de Manuel*, de Julio Cortázar.

El resultado se aleja bastante del original, dando lugar, incluso, a algunos giros difíciles de defender gramaticalmente en español.

3) Veamos qué ocurre con el comienzo del cuento "La muerte y la brújula", de J. L. Borges:

> "De los muchos problemas que ejercitaron la temeraria perspicacia de Lönnrot, ninguno tan extraño –tan rigurosamente extraño, diremos– como la periódica serie de hechos de sangre que culminaron en la quinta de Triste-le-Roy, entre el interminable olor de los eucaliptos".

La propuesta de *Google*:

> "Of the many problems exercised by Lönnrot's daring insight, none so strange-so strangely strange, let us say-as the periodic series of blood facts that culminated in the fifth of Triste-le-Roy, amid the endless smell of the eucalyptus".

El hecho de no detectar el significado de la palabra "quinta" dado por el contexto complica el sentido de la frase. Algo similar ocurre con la decisión de cambiar el adverbio "rigurosamente" por el correspondiente al mismo adjetivo que acompaña, dando lugar a la redundancia "strangely strange", estéticamente interesante pero ajena al original borgeano. Al retraducir al castellano, estos problemas se evidencian:

> "De los muchos problemas ejercidos por la osada intuición de Lönnrot, ninguno tan extraño -tan extrañamente extraño, digamos- como la serie periódica de hechos de sangre que culminaron en el quinto de Triste-le-Roy, en medio del olor sin fin del eucalipto".

4) Mucho más complejo es el caso de textos con un lenguaje arcaizante o atravesado por modismos locales. Veamos un ejemplo del *Martín Fierro*:

"Es triste dejar sus pagos y largarse a tierra ajena, llevándose la alma llena de tormentos y dolores, mas nos llevan los rigores como el pampero a la arena".[3]

Google traduce como sigue:

"It is sad to leave your payments and go to land alien, taking the soul full of torments and pain, but we carry the rigors as the sandal to the sand".

Nótese la traducción de "pagos" por "payments", desconociendo el sentido peculiar que tiene en nuestro país y, puntualmente, en la estrofa citada. Lo curioso es que si uno le pide a *Google* que defina el sustantivo "pago" solo, entre las múltiples acepciones aparece la de "aldea o pueblo pequeño". No se puede aducir, por lo tanto, que el programa no conoce ese significado. Lo que no puede hacer es vincularlo con el contexto en el que aparece para traducirlo de modo correcto. Quizá también cuestionable sea la traducción de "largarse" por "go", verbo este último sin la carga semántica que posee el primero. Mucho peor aún es la confusión en lo que a la transitividad de "llevan" respecta: en lugar de traducir "nos" como su objeto directo, se lo traduce como sujeto de "carry", mientras que "los rigores" –sujeto de "llevan" en el original– es traducido como su objeto directo. Los errores se ratifican con la traducción de "pampero" como "sandal", es decir: como una especie de sandalia.

Si volvemos a traducir al español la traducción del propio *Google*, el resultado se aleja sustancialmente del original:

"Es triste dejar sus pagos e ir a tierra extraterrestre, llevando el alma llena de tormentos y dolor, pero llevamos los rigores como la sandalia a la arena".

---

[3] Parte II, "La vuelta de Martín Fierro", vv. 169-174.

"Alien" por "extraterrestre" confirma el desplazamiento de sentido ya desde el comienzo del texto. Se nos podrá decir que *Google translate* falla en el caso del *Martín Fierro* porque ya nadie habla así, pero ese es precisamente el problema al que nos enfrentamos en el caso del griego clásico: no hay hablantes nativos vivos que puedan ratificar o rectificar nuestras traducciones apelando al uso y costumbre.

Como se ve, la posibilidad de un traductor informático se vuelve cada vez más remota o, emulando la famosa novela de Philip K. Dick *Do Androids Dream of Electric Sheep?* (1968), tan sólo un sueño del propio *Google translate*. Para que algo así fuese posible sería necesaria una lengua con una gramática tan perfecta que ningún ser humano sería –ni habría sido– capaz de hablarla. Ninguna calculadora arrojará como resultado de 8578 x 14,66 otra cosa que no sea 125753,48. Sin embargo, *Google* puede traducir "pagos" por "payments" o por "small town" indistintamente, sin herramientas para detectar cuál es la acepción correcta en su contexto. La traducción, a diferencia de la aritmética, supone, pues, un rol hermenéutico activo por parte del traductor, aunque más no sea mínimo.

Si a todos estos problemas sumamos los concernientes a los textos filosóficos –esto es: la comprensión de los argumentos, sus variadas interpretaciones posibles, las hipótesis involucradas, supuestos, sofismas, razonamientos y falacias, sus consecuencias y conclusiones– la necesidad de un intérprete termina siendo indudable.

Antes de analizar algunos textos en griego clásico que nos servirán para ejemplificar lo que hemos estado diciendo, no dejemos de mencionar algo que, aunque obvio, no deja de ser importante: el *Google translate* no incluye el griego clásico entre las lenguas a traducir. Si uno escribe un texto, por ejemplo, de Aristóteles y selecciona la opción "griego" (*sc.* moderno), ocurren cosas como la siguiente:

πᾶσα τέχνη καὶ πᾶσα μέθοδος, ὁμοίως δὲ πρᾶξίς τε καὶ προαίρεσις, ἀγαθοῦ τινὸς ἐφίεσθαι δοκεῖ. (Aristóteles, *Ética nicomaquea* 1094a1-2)

"Utilizando el mismo método y método, así como preferencia y promoción, cuyo valor se gana".[4]

Cualquier comentario sería redundante; la incoherencia no necesita explicaciones.

---

[4] Nuestra traducción castellana: "Parece que toda técnica y toda investigación, del mismo modo que la acción y también la elección, tienden a cierta clase de bien."

6

Algunos ejemplos

Veamos, a continuación, algunos ejemplos de lo que consideramos un abordaje filosófico de los textos griegos clásicos.

a) El conocimiento cautivo en el Protágoras

Un famoso pasaje del diálogo *Protágoras* de Platón donde se discute el poder del conocimiento respecto de la toma de decisiones prácticas dice lo siguiente:

> ἀλλ᾿ ἐνούσης πολλάκις ἀνθρώπῳ ἐπιστήμης οὐ τὴν ἐπιστήμην αὐτοῦ ἄρχειν ἀλλ᾿ ἄλλο τι [...], ἀτεχνῶς διανοούμενοι περὶ τῆς ἐπιστήμης ὥσπερ περὶ ἀνδραπόδου, περιελκομένης ὑπὸ τῶν ἄλλων ἁπάντων.

> "Cuando a menudo el conocimiento está presente en un hombre, <la mayoría opina> que no lo gobierna este conocimiento, sino algo diferente [...] <y opinan esto> por pensar sin pericia acerca del conocimiento tal como <lo harían> acerca de un prisionero-de-guerra, arrastrado en derredor por todas las otras cosas" (*Prot.* 352b5-c2).

Las ediciones castellanas traducen el sustantivo "ἀνδράποδον" por "esclavo".[1] Sin embargo, al menos dos cosas se pueden decir del término. En primer lugar, el hecho de que Platón lo utilice apenas unas once veces –frente a las cerca de doscientas veces que utiliza "δοῦλος"– da la

---

1 Cf. *v.g.* C. García Gual (Gredos, 1997), Divenosa (Losada, 2006).

pauta de que, cuando Aristóteles hace referencia al intelectualismo socrático en el libro VII de *Ética Nicomaquea* utilizando el mismo sustantivo "ἀνδράποδον", evidentemente se está refiriendo a la versión que Platón presenta en el *Protágoras*:[2]

> δεινὸν γὰρ ἐπιστήμης ἐνούσης, ὡς ᾤετο Σωκράτης, ἄλλο τι κρατεῖν καὶ περιέλκειν αὐτὴν ὥσπερ ἀνδράποδον.

> "En efecto, es terrible, como creía Sócrates, que, si el conocimiento está presente, algo distinto <lo> gobierne y lo arrastre en derredor como a un prisionero-de-guerra" (*Ét. Nic.* 1145b23-24).

El hecho de que el "Sócrates" del que habla Aristóteles sea el del *Protágoras* se refuerza aún más si sumamos a lo dicho la presencia en ambos textos del verbo "περιέλκω" para dar cuenta de la acción a la que la ἐπιστήμη estaría siendo sometida en caso de no gobernar en el alma. Este punto puede resultar de suma utilidad para quienes entienden que todo lo que Aristóteles conoció de Sócrates fue a través del testimonio platónico.

Pero a esto se suma una segunda cuestión, que tiene que ver con lo que antes denominamos zonas "semánticamente dinámicas" de la lengua. En primer lugar, cabe señalar que Heródoto diferencia los sustantivos "δοῦλος" y "ἀνδράποδον" en función del origen de sendas esclavitudes: el δοῦλος es hijo de esclavos, mientras que el ἀνδράποδον es un hombre libre (o, eventualmente, esclavo) que es tomado prisionero en una guerra y luego vendido como esclavo.[3] Esto hace del ἀνδράποδον un esclavo que devino tal producto de una derrota bélica. Asimismo, el término se construye sobre la base del sustantivo "ἀνήρ" ("varón", "señor") y "πούς" ("pie"),

---

[2] Aristóteles utiliza el término tan sólo unas once veces, frente a las más de ciento cincuenta que utiliza "δοῦλος".
[3] Cf. Heródoto III.125, III.129 y V.31.

de manera que ἀνδράποδον sería, literalmente, quien se halla a los pies de un amo o señor, pero por haber sido derrotado por él y no por ser hijo de esclavos. Si se vuelve al contexto del *Protágoras* y se aplica lo dicho a la interpretación del pasaje en cuestión, podemos especular que Platón está afirmando que la mayoría de los hombres considera la ἐπιστήμη como un prisionero de guerra, como un cautivo que devino esclavo luego de que el miedo, el impulso, el amor o alguna otra pasión se disputaran el gobierno sobre él y acabaran derrotándolo. No se trata, pues, de una esclavitud natural o esencial, sino de una producto de esa derrota: el conocimiento es un botín de guerra, degradado por la opinión de la mayoría de los hombres a un estatus que no es el naturalmente propio. De allí los sucesivos intentos de Sócrates por liberarlo de las pasiones, meros amos artificiales. Los muchos esclavizan lo que naturalmente no es (ni debe ser) esclavo, cosa que se ve perfectamente reflejada en la opción por "ἀνδράποδον" antes que "δοῦλος". Esta manera de reforzar la semántica del término con vistas a dar una interpretación determinada del pasaje es posible gracias a la semántica dinámica del sustantivo "ἀνδράποδον" frente a "δοῦλος". Esta zona del texto puede ser filosóficamente intervenida no sólo sin traicionar la gramática sino, lo que es más importante, sirviéndose de ella.

b) El hombre prudente como norma moral

En *Ética Nicomaquea* II, 6, 1106b36-1107a2 Aristóteles define la virtud ética. Este texto central presenta dos variantes de aparato crítico determinantes para establecer el sentido. Bywater escribe lo siguiente:[4]

---

[4] Siguen el texto de Bywater (1894), entre otros, Guariglia (1997), Nussbaum (1986) y Joachim (1955).

ἔστιν ἄρα ἡ ἀρετὴ ἕξις προαιρετική, ἐν μεσότητι οὖσα τῇ πρὸς ἡμᾶς, ὡρισμένη λόγῳ καὶ ᾧ ἂν ὁ φρόνιμος ὁρίσειεν.

"Por lo tanto, la virtud ética es un modo de ser ligado a la elección, <modo de ser> que consiste en un término medio relativo a nosotros, <término medio> definido mediante la razón, es decir: <mediante la razón> mediante la cual <lo> definiría el hombre prudente".

Así leído, el texto sugiere que la función del φρόνιμος en la determinación de la μεσότης consistiría en su capacidad de pensar en conformidad con un λόγος que da cuenta de o que expresa esa medianía. Tal λόγος sería, pues, el instrumento –esa sería la función del pronombre relativo en dativo singular ᾧ– mediante el cual el φρόνιμος enuncia la norma práctica, norma que, así las cosas, tendría un estatus fundamentalmente proposicional. Esta lectura ha dado lugar a interpretaciones que defienden cierta trascendencia de ese λόγος, que existiría *a priori* y sería universal. El φρόνιμος tan sólo se serviría de él: su propia inteligencia consistiría en su capacidad de captarlo.

Sin embargo, la versión de Bywater toma de Aspasio dos variantes textuales frente a los códices. Detengámonos brevemente en una: ὡς (codd.) en lugar de ᾧ (Asp.).[5] El texto resultante:

ἔστιν ἄρα ἡ ἀρετὴ ἕξις προαιρετική, ἐν μεσότητι οὖσα τῇ πρὸς ἡμᾶς, ὡρισμένη λόγῳ καὶ ὡς ἂν ὁ φρόνιμος ὁρίσειεν.

"Por lo tanto, la virtud ética es un modo de ser ligado a la elección, <modo de ser> que consiste en un término medio relativo a nosotros, <término medio> definido mediante la razón, es decir: como <lo> definiría el hombre prudente".

---

[5] Adoptan la variante de los códices Aubenque (1999: 50 y ss.) y Jaeger (1960: 503).

La diferencia central entre esta versión y la anterior es que aquí se puede interpretar que el φρόνιμος no se sirve de una norma racional *a priori* como instrumento, sino que el φρόνιμος mismo es la norma moral, que él mismo es un patrón vivo de conducta práctica capaz de encarnar esa medianía. No se trataría, pues, de llegar a conocer la norma que rige el obrar de Pericles, sino de comprender cómo es que Pericles decidiría en determinada situación práctica. La norma moral no sería, así, meramente proposicional, sino que estaría encarnada en el obrar concreto del φρόνιμος.

No es este el único modo posible de interpretar ese "ὡς", sino uno entre otros en función de nuestros intereses hermenéuticos. Esta interpretación con consecuencias filosóficas fundamentales para la ética aristotélica surge, como se ve, de un abordaje filosófico del texto griego.[6]

c) El gallo de Asclepio

Son bien conocidas las últimas palabras de Sócrates en el *Fedón*:

> ὦ Κρίτων, τῷ Ἀσκληπίῳ ὀφείλομεν ἀλεκτρύονα · ἀλλὰ ἀπόδοτε καὶ μὴ ἀμελήσετε.

"Critón, debemos un gallo a Asclepio. Pues bien, ¡páguenselo...! Y no se descuiden" (*Fed.* 118a7-8).

Un análisis cuidadoso y filosóficamente especulativo del texto permite afirmar una serie de cuestiones centrales para interpretar la filosofía socrática. En primer lugar, el carácter intersubjetivo que la misión de Sócrates adquiere luego de su muerte se ve reflejado en la primera persona del plural que menciona la deuda: "debemos (ὀφείλομεν)", es decir: todos nosotros (él y sus discípulos allí presentes). Ahora bien, el momento de retribuir esa deuda y estar a la

---

[6] Hemos citado y comentado brevemente distintas traducciones castellanas de este pasaje *supra* en §II.b.

altura de la herencia recibida ya no incluye a Sócrates –que estará muerto–, sino tan sólo a sus discípulos. La segunda persona del plural en modo imperativo da cuenta de esa orden: "páguenselo" (ἀπόδοτε). Sin embargo, la palabra que condensa la totalidad de la vida filosófica socrática es la que, según Platón, fue pronunciada última entre las últimas. Manteniendo persona y número (segunda del plural), cambia, sin embargo, el modo: ya no se trata de la orden típica del imperativo, sino de la exhortación característica del subjuntivo. Un Sócrates moribundo exhorta a sus discípulos a que "no se descuiden" (μὴ ἀμελήσητε). Si la filosofía socrática tuvo como objetivo central persuadir a los ciudadanos atenienses de que cuidaran su alma antes que su cuerpo (ἐπιμελεῖσθαι, *Ap.* 29e3 *et passim*), su exhortación final retoma esta idea. Tal exhortación no se refiere, pues, simplemente a la deuda con Asclepio, sino a la totalidad de la vida de sus discípulos frente a la misión que tienen por delante en la ciudad.

La riqueza filosófica que arroja este análisis de las personas y modos verbales de las últimas palabras de Sócrates según Platón resulta imposible si no es a partir de un abordaje filosófico del griego clásico. En el caso particular de la lengua castellana, resulta más difícil todavía realizar reflexiones tales, pues, en general, tales palabras han sido mal traducidas *justamente* en lo que a persona, número y modos verbales respecta: "Critón, le debemos un gallo a Asclepio; págaselo, no te olvides" (C. Eggers Lan, Eudeba, 1971); "Critón, le debemos un gallo a Asclepio. Así que págaselo y no lo descuides" (C. García Gual, Gredos, 1986); "Critón, le debemos un gallo a Asclepio. Haz la ofrenda y no te olvides" (A. Vigo, Colihue, 2009). Sin embargo, el problema que estas traducciones tienen no es, desde nuestra perspectiva, gramatical, sino filosófico. Que se no se respeten persona y número de los verbos importa menos que las consecuencias filosóficas que tales decisiones tienen, pues se perdería de vista el carácter irrenunciablemente plural de la filosofía socrática y de su escuela, en permanente ebullición polémica.

Este análisis de los modos verbales en las últimas palabras de Sócrates responde a nuestras intenciones como lectores, a nuestras aspiraciones filosóficas en relación con el texto, permitiéndonos, así, recortar una interpretación de otras tantas posibles a fin de fundar en la materialidad de la lengua la figura socrática que nos interesa (re)construir. Sin traicionar la gramática, avanzamos, una vez más, sobre el terreno filosófico hermenéutico.

d) El rapto de Helena según Gorgias

En su *Encomio de Helena* (DK B 11), el sofista Gorgias analiza las cuatro causas por las cuales Helena pudo haber viajado a Troya. Su objetivo es, como se sabe, liberar a la bella mujer de cualquier responsabilidad por la guerra. La tercera causa analizada consiste en la posibilidad de que el agente que condujo a Helena hacia Troya no haya sido físico –y capaz, por ello, de aplicar fuerza física– sino simbólico: se trata de la persuasión mediante la palabra (§§ 8-14). El λόγος persuasivo está, ante todo, íntimamente ligado con su capacidad de engañar. Lo primero que cabe destacar es que, si bien Gorgias habla del λόγος independientemente del hablante que lo profiere, lo cierto es que detrás del discurso se halla, en este caso puntual, Paris mismo. Esto es, si bien el λόγος es considerado un "poderoso soberano (δυνάστης μέγας)"[7], es preciso tener en cuenta que detrás de este señor se encuentra quien

---

7 Aun cuando el sustantivo "δυνάστης" suele traducirse por "señor", "amo" y sinónimos (cf. LSJ *s.v.*), no debe descuidarse la raíz δυν- presente en el verbo δύναμαι y en el sustantivo δύναμις, los cuales remiten al campo semántico de la "potencia" y del "poder" en general. Esto implica que, al traducir "δυνάστης" por "soberano" (Piqué Angordans), *"souverain"* (Cassin), *"master"* (Verdenius), *"signore"* (Mazzara), no se debe perder de vista que se trata de un soberano "poderoso", de un soberano que "puede", que tiene el "poder" de realizar acciones y generar numerosos efectos en el oyente.

le da vida: el hablante. Esto se relaciona directamente con el problema de cómo traducir la cláusula "λόγοις πεισθεῖσα" al momento de enumerar las causas en el §6:

> ἢ γὰρ Τύχης βουλήμασι καὶ θεῶν κελεύσμασιν καὶ Ἀνάγκης ψηφίσμασιν ἔπραξεν ἃ ἔπραξεν, ἢ βίᾳ ἁρπασθεῖσα, ἢ λόγοις πεισθεῖσα, <ἢ ἔρωτι ἁλοῦσα>.

"Hizo lo que hizo o bien debido a los propósitos de la Fortuna, los mandatos de los dioses y los decretos de la Necesidad, o bien raptada con violencia, o bien persuadida con palabras, o bien conquistada mediante el amor".

Interpretamos "λόγοις πεισθεῖσα" no tanto como "persuadida *por* las palabras" –haciendo del dativo λόγοις un complemento de agente–, sino como "persuadida *con* las palabras". En la segunda causa, la violencia (βία), Gorgias inaugura un nuevo modo de expresarlas: si hasta ese momento teníamos dativos *causales* –a los cuales se les añaden sus respectivos complementos especificativos en caso genitivo[8]–, a partir de la violencia se apela a dativos *instrumentales* dependientes de un participio de aoristo pasivo. Así, "βίᾳ ἁρπασθεῖσα" y "λόγοις πεισθεῖσα" pueden (no necesariamente *deben*) traducirse "raptada *con* violencia" y "persuadida *con* palabras", respectivamente.

Más allá de la tensión conceptual intrínseca de la posibilidad de que el caso dativo funcione como complemento de agente (cósico) de un verbo o participio en voz pasiva –¿en qué sentido una 'cosa' puede ser agente estricto de una acción si no personificada (con lo cual deja de ser cosa) o utilizada por alguien (con lo cual se vuelve instrumento y no agente)?– más allá de esto, decíamos, cabe señalar que algunas gramáticas lo aceptan: cuando se trata de una persona, el complemento de agente se construye con la preposición ὑπό más caso genitivo; sin embargo, tratándose de 'agentes

---

[8] Τύχης βουλήμασι καὶ θεῶν κελεύσμασιν καὶ Ἀνάγκης ψηφίσμασιν.

cósicos', cabría el caso dativo sin preposición. Si este fuera el caso, se podría traducir la fórmula "λόγοις πεισθεῖσα" como "persuadida *por* las palabras" y de ese modo descartar la referencia al hablante, dado que se podría afirmar que el poder persuasivo es del λόγος mismo, "poderoso soberano", más allá de quien lo pronuncia.[9] J. Humbert reconoce tres grandes usos sintácticos para el caso dativo: el interés (objeto indirecto del verbo), el uso instrumental y el locativo con preposición.[10] Descarta, pues, la posibilidad de que el agente sea mentado mediante el caso dativo aclarando que en aquellas oportunidades en que el dativo parece ser el agente es, en realidad, o bien el *instrumento* de la acción o bien aquello *en interés de lo cual* se realiza la acción (§172). H. Smyth, por su parte, dice algo similar al mencionar la posibilidad de que, en algunos usos especiales, el dativo funcione como agente de la acción de un verbo pasivo; no obstante, agrega no sólo que dicho verbo suele estar en pretérito perfecto o pluscuamperfecto (nuestros participios son de aoristo), sino que, además, recalca el valor primordial del caso dativo que es el interés y no la agencia.[11] A nuestro entender, tanto si se trata de un 'agente cósico' como de un instrumento, lo cierto es que en ambos casos es menester rescatar la figura de quien utiliza el instrumento en cuestión o de quien pone en movimiento la cosa: el hablante.

Más allá de las razones formales aducidas, mucho habría que discutir sobre el estatus del λόγος en el *Encomio de Helena*. Lo que hemos presentado es tan sólo un ejemplo más de cómo una base textual filosóficamente interpretada contribuye para nuestra reconstrucción del sentido de los textos.

---

[9] Traducen "persuadida *por* las palabras" Melero Bellido (Gredos, 1996), Davolio-Marcos (Winograd, 2011) y Chialva *et al.* (UNL, 2013).
[10] Humbert (1972: §§472-495).
[11] "La noción de agencia no pertenece al dativo, aunque es una inferencia natural <en estos casos puntuales> que la persona interesada es el agente", Smyth (1920: §1488; cf. §§1755-1758).

e) La εὐδαιμονία no aritmética en la Ética nicomaquea de Aristóteles

En *Ética nicomaquea* I, 7 1097b14-18 leemos:

τὸ δ' αὔταρκες τίθεμεν ὃ μονούμενον αἱρετὸν ποιεῖ τὸν βίον καὶ μηδενὸς ἐνδεᾶ· τοιοῦτον δὲ τὴν εὐδαιμονίαν οἰόμεθα εἶναι· ἔτι δὲ πάντων αἱρετωτάτην μὴ συναριθμουμένην—συναριθμουμένην δὲ δῆλον ὡς αἱρετωτέραν μετὰ τοῦ ἐλαχίστου τῶν ἀγαθῶν.

"Establecemos que 'autárquico' es aquello que por sí solo hace la vida elegible y carente de nada. Y creemos que la felicidad es algo de esa clase. Y, además, <creemos que la felicidad> es la más elegible de todas las cosas <que son elegibles, *i.e.* de los bienes>, no siendo ella misma algo que se cuenta <entre esos otros bienes > –es evidente que, si se contara <entre esos otros bienes>, sería más elegible junto al más pequeño de los bienes".

El problema que este texto plantea es el de la composición y estatus de la felicidad –en tanto bien último y elegible por sí mismo– frente a los demás bienes intermedios, *i.e.* que se eligen no por ellos mismos sino por otro bien al que conducen. Si la felicidad es bien último y, por ello, elegible por sí misma, ¿puede sumársele algún bien de manera que se vuelva más elegible aún? Pallí Bonet (Gredos, 1998) traduce este pasaje del siguiente modo:

"Consideramos suficiente lo que por sí solo hace deseable la vida y no necesita nada, y creemos que tal es la felicidad. Es lo más deseable de todo, sin necesidad de añadirle nada, pero es evidente que resulta más deseable si se le añade el más pequeño de los bienes".

Como se ve, esta traducción dice lo contrario a la nuestra: se le pueden añadir bienes a la felicidad que, así, se volvería más elegible. El problema reside en cómo interpretar el participio συναριθμουμένη (y el verbo συναριθμέω), repetido dos veces en el texto. Pallí Bonet traduce "añadir", pero descuida que ese es el sentido activo del verbo, no el pasivo, que es el necesario para traducir el participio en cuestión (que está en voz pasiva). El sentido pasivo del verbo es "ser incluido en una enumeración", "ser contado / enumerado <entre otras cosas>".[12] Este pequeño descuido por parte del traductor da lugar a un inmenso problema semántico-filosófico, pues hace de la felicidad aristotélica algo que justamente no es: un concepto cuantificable. Aristóteles está queriendo decir que el todo (la felicidad) es mayor que la suma de partes (bienes intermedios). Esta intepretación se ve corroborada por un comentario de Alejandro a los *Tópicos*, donde utiliza el mismo verbo con este sentido:

ἀλλ' οὐδὲ εὐδαιμονία μετὰ τῶν ἀρετῶν αἱρετωτέρα τῆς εὐδαιμονίας μόνης, ἐπεὶ ἐν τῇ εὐδαιμονίᾳ περιέχονται καὶ αἱ ἀρεταί […]. οὐ γὰρ συναριθμεῖται τοῖς περιέχουσι τὰ περιεχόμενα ὑπ' αὐτῶν.

"Pero tampoco la felicidad junto a las virtudes es más elegible que la felicidad sola, puesto que en la felicidad están contenidas también las virtudes […]. En efecto, no se cuentan junto a las cosas que contienen las cosas contenidas por ellas" (*In Top.* 247).

La felicidad no debe contabilizarse, pues, a la par de las cosas que contiene, a la par de los bienes que, intermedios, conducen hacia ella como fin último.

f) Reminiscencia y recordatorio en el Fedón

Retomemos lo ya comentado a propósito de la diferencia entre ἀνάμνησις y ὑπόμνησις en el *Fedro*:

σύ, πατὴρ ὢν γραμμάτων, δι' εὔνοιαν τοὐναντίον εἶπες ἢ δύναται. τοῦτο γὰρ τῶν μαθόντων λήθην μὲν ἐν ψυχαῖς παρέξει μνήμης ἀμελετησίᾳ, ἅτε διὰ πίστιν γραφῆς ἔξωθεν ὑπ' ἀλλοτρίων τύπων,

---

[12] Cf. LSJ *s.v.*

οὐκ ἔνδοθεν αὐτοὺς ὑφ' αὑτῶν ἀναμιμνησκομένους· οὔκουν μνήμης ἀλλὰ ὑπομνήσεως φάρμακον ηὗρες. σοφίας δὲ τοῖς μαθηταῖς δόξαν, οὐκ ἀλήθειαν πορίζεις.

"Tú, por ser el padre de las letras, por bondad hacia ellas afirmas lo contrario de lo que pueden. Pues proporcionarán esto: olvido en las almas de los que aprenden, a causa de un descuido de la memoria, dado que, debido a la confianza en la escritura, rememorarán desde afuera, por la acción de caracteres foráneos, y no ellos mismos, desde adentro, por la acción de sí mismos. Por lo tanto, no descubriste un fármaco de la memoria, sino de un recordatorio. Facilitas a tus discípulos apariencia de sabiduría, no verdad" (*Fedro* 275a).

En el *Fedón*, diálogo cronológica y temáticamente cercano al *Fedro*, Sócrates desarrolla la teoría de la reminiscencia (ἀνάμνησις) como una de las pruebas de la inmortalidad del alma, tema del diálogo.[13] La exposición comienza con Cebes, uno de los discípulos pitagóricos de Sócrates, recordando eso que acostumbraban escuchar de boca del maestro: conocimiento no es otra cosa que reminiscencia (ἡ μάθησις οὐκ ἄλλο τι ἢ ἀνάμνησις). Sin embargo, Simmias no recuerda con precisión eso que Sócrates acostumbraba decirles, entonces pregunta:

Ἀλλά, ὦ Κέβης, ἔφη ὁ Σιμμίας ὑπολαβών, ποῖαι τούτων αἱ ἀποδείξεις; ὑπόμνησόν με· οὐ γὰρ σφόδρα ἐν τῷ παρόντι μέμνημαι.

"Sin embargo, Cebes –dijo Simmias, tomando la palabra–, ¿cuáles son las demostraciones de tales cosas? Recuérdamelas, pues en este momento no me acuerdo mucho (*Fed.* 73a).

El detalle radica en el hecho de que Simmias no le pide a Cebes que le recuerde la teoría de la reminiscencia mediante el imperativo del verbo ἀναμιμνῄσκω, sino mediante el imperativo del verbo ὑπομιμνῄσκω: ὑπόμνησόν με. Retomando la distinción del *Fedro* recién comentada,

---

[13] A partir de 72e y ss.

Simmias está pidiendo que se le recuerde desde afuera –*i.e.* con caracteres ajenos a su persona– algo que su alma, evidentemente, no posee. Esto da la pauta de que Simmias nunca antes ha aprendido la teoría de la reminiscencia –caso contrario, le bastaría con buscar dentro de sí, aunque sea estimulado por alguna pista externa–, por lo que pide que, desde afuera, le sea narrado y descripto cómo funciona. Este detalle tan específico permite afirmar, por ejemplo, que el origen de la teoría de la reminiscencia tal como se la describe en el *Fedón* no sería patrimonio de los pitagóricos contemporáneos a Sócrates (los discípulos de Filolao, a cuyo círculo pertenecen Simmias y Cebes), porque, en ese caso, Simmias no necesitaría un recordatorio externo.

g) El oficio de Eveno a partir de un optativo oblilcuo en Apología de Sócrates

Prácticamente al inicio de la *Apología* platónica, Sócrates se defiende de sus antiguos acusadores en lo que al supuesto cobro por enseñar respecta. Tras exponer un típico razonamiento por analogía –a saber: al caballo es el criador de caballos quien lo hace bello y bueno; al ternero, el encargado de los asuntos rurales en general–, Sócrates recuerda haberle preguntado a Calias, ateniense rico y asiduo empleador de sofistas, si existe alguien capaz de hacer bello y bueno al ser humano mediante la enseñanza de la virtud política. Calias, recuerda Sócrates, respondió afirmativamente:

> "Πάνυ γε," ἦ δ' ὅς. "Τίς," ἦν δ' ἐγώ, "καὶ ποδαπός, καὶ πόσου διδάσκει;" "Εὔηνος," ἔφη, "ὦ Σώκρατες, Πάριος, πέντε μνῶν." καὶ ἐγὼ τὸν Εὔηνον ἐμακάρισα εἰ ὡς ἀληθῶς ἔχοι ταύτην τὴν τέχνην καὶ οὕτως ἐμμελῶς διδάσκει. ἐγὼ γοῦν καὶ αὐτὸς ἐκαλλυνόμην τε καὶ ἡβρυνόμην ἂν εἰ ἠπιστάμην ταῦτα· ἀλλ' οὐ γὰρ ἐπίσταμαι, ὦ ἄνδρες Ἀθηναῖοι.

> "'Ciertamente', dijo él <*sc.* Calias>.
> '¿Quién es, de dónde es y por cuánto enseña?', pregunté yo.

'Eveno, Sócrates. Es de Paros y <enseña> por cinco minas', dijo.
Y yo consideré bienaventurado a Eveno si en verdad como que poseía ese arte y si <lo> enseña cobrando una cifra así de modesta. Yo mismo, por lo menos, me enorgullecería y vanagloriaría si conociera tales cosas. Pero, en efecto, no las conozco, señores atenienses" (*Apología* 20b-c).

Lo que el texto aporta en este pasaje surge de un fenómeno sintáctico complejo conocido como "optativo oblicuo o de subordinación". En la prótasis condicional (o "proposición subordinada adverbial condicional") encabezada por εἰ en 20b9, en lugar del esperado modo indicativo encontramos dos verbos coordinados por καί, uno en modo optativo (ἔχοι) y otro, sí, en indicativo (διδάσκει). Desde un punto de vista estrictamente gramatical, la conjunción coordinante al mismo nivel sintáctico entre dos verbos en modos distintos sería compleja de justificar. Sin embargo, se puede dar una explicación filosófica del fenómeno. Para ello es preciso recordar que la semántica del modo optativo en cláusulas subordinadas de este tipo oscila entre dos grandes matices: o bien mienta futuridad en el pasado[14], o bien, como en este caso, da cuenta de cierta duda por parte del hablante en relación con lo que afirma.[15] Quedándonos con esta segunda alternativa, el hecho de que ἔχοι esté en optativo y διδάσκει en indicativo implicaría que Sócrates conserva cierta duda respecto de lo afirmado con el primero, cosa que no ocurre con lo afirmado con el segundo. Yendo al texto, el hecho de que Eveno poseyera (ἔχοι) el arte de enseñar la virtud política es algo que a Sócrates le despierta serias dudas; no así, por el contrario, el hecho de que enseñara (διδάσκει) cobrando dinero, aunque la cifra fuese modesta. La opción por el optativo oblicuo sirve para reafirmar, sutilmente, una posición que tanto Sócrates como Platón habrían sostenido a lo largo de su vida: los sofistas dicen poseer un arte que, en

---

[14] Así lo interpreta Vigo (2005: 88-94).
[15] Así lo interpreta Fontoynont (1944: 31).

realidad, no es tal.[16] Estos matices se ratifican con el período irreal que sigue de inmediato, con su imperfecto de indicativo en la prótasis y sus imperfectos de indicativo con ἄν en la apódosis: Sócrates, sin duda alguna, no conoce tales cosas. Para cerrar el arco modal, la última oración enunciativa con verbo en indicativo es tajante: "en efecto, no las conozco".

h) Pasiones y razones en la Medea de Eurípides

En *Medea* 1078-1080 Eurípides presenta uno de los conflictos psíquicos más famosos de la tragedia griega clásica:

μανθάνω μὲν οἷα δρᾶν μέλλω κακά, θυμὸς δὲ κρείσσων τῶν ἐμῶν βουλευμάτων.

"Comprendo qué clase de males realizaré, pero el impulso-pasional es más poderoso que mis deliberaciones".

En los últimos dos versos se contraponen de manera explícita el θυμός y los βουλεύματα, el primero como representante del impulso pasional irracional y los segundos como representantes de un proceso racional-deliberativo. Medea conoce, sabe, comprende (μανθάνειν) que sus acciones serán moralmente negativas (κακά), es consciente de la magnitud moral del filicidio que, al tiempo que consumará su venganza, implica la muerte de sus propios hijos: el θυμός da mayor relevancia a lo primero, el βουλεύειν a lo segundo.[17]

Sin embargo, no es éste el único modo de interpretar el pasaje ni, mucho menos, de traducirlo. Gill[18] dedica varias páginas a discutir la interpretación de Snell, quien

---

[16] Hay aquí algunas cuestiones interesantes de aparato crítico, pues ἔχοι en 20b9 lo traen todos los códices, mientras que el Par. 1810 trae ἔχει. Asimismo, sólo el códice B trae διδάσκει (lectura adoptada por Duke *et al.*, OCT, 1995), dado que el resto trae el optativo διδάσκοι (TWPV).
[17] Hay distintos testimonios a propósito de la lucha contra el θυμός: cf. *v.g.* Heráclito DK B 85, Demócrito DK B 236 e incluso *Odisea*, XVIII 154-155.
[18] Gill (1996: cap. 3.5)

afirma que los vv. 1078-1080 representarían una etapa crucial en el desarrollo de la idea de un yo autoconsciente: "aquí, por primera vez, el ser humano está tan vuelto sobre sí que los únicos motivos que conoce para su acción son su pasión y su reflexión".[19] La crítica de Gill a la posición de Snell se centra en una reinterpretación del debate interno que aqueja a Medea, que no sería entre razón y pasión, sino entre el reclamo ético básico de sus hijos hacia ella y el gesto ejemplar que implica el infanticidio frente a la traición de Jasón. No hay, según Gill, oposición entre θυμός y βουλεύματα, sino complementariedad: el infanticidio sería la opción más razonable. Claro que, para justificar esto, es necesario traducir el pasaje de manera distinta; he aquí la traducción inglesa de Gill de los vv. 1078-1080:

> I know that what I am about to do is bad, but anger is master of my plans, which is source of human beings' troubles.

Como se ve, esto permite evadir la confrontación directa entre θυμός y βουλεύματα, dado que el primero sería quien manda sobre los segundos, meros planes suyos. La traducción (y consecuente interpretación) de Gill se funda en el modo en que interpreta la sintaxis del adjetivo comparativo "κρείσσων" que, en este caso, no presentaría su uso habitual como adjetivo comparativo (con segundo término de comparación en genitivo), sino su otro sentido posible: "es amo de" o "controlador de". Esta interpretación se condice con la acepción III de LSJ: *"having control over"*, *"master of"*, especialmente adscripta a deseos y pasiones, uso que se registra, como sería el caso del verso 1079, con complemento en caso genitivo. Ahora bien, el adjetivo κρείσσων es utilizado en otras siete oportunidades en *Medea*[20]: en dos

---

[19] Bruno Snell, *Scenes from Greek drama*, Berkeley, 1964, p.56, citado por Gill (1996: 216)
[20] Vv. 123, 290, 301, 315, 444, 449, 965.

oportunidades no como adjetivo, sino como sustantivo.[21] En los casos restantes se trata del uso más común del adjetivo con un segundo término de comparación, o bien en caso genitivo (*v.g.* vv. 300-201; 443-444 y 965) o bien introducido por ἤ (*v.g.* vv. 290-291). Si bien este relevamiento estadístico no basta para concluir que su uso en el verso 1079 sea un caso más de comparativo con segundo término de comparación en genitivo, no deja de ser llamativa la ubicación del primer término y la del segundo en la frase respecto del adjetivo comparativo, distribución que coincide con la del verso 965. En definitiva, tanto la sintaxis del verso como la semántica de los términos permite optar por el uso propuesto por Gill. Pero no menos cierto es que el uso del adjetivo en *Medea* así como también en otros *loci* de la obra euripídea[22], también permite interpretar que se trata el adjetivo en grado comparativo y, de ese modo, dar lugar a una contraposición entre θυμός y βουλεύματα. El modo en que se comprenda el vínculo entre estos dos términos, deudor del modo en que se interprete el adjetivo κρείσσων, resulta fundamental no sólo para la tragedia *Medea*, sino también para los análisis filosóficos de este tipo de comportamiento por parte de Platón y de Aristóteles. En el caso del primero, en su análisis de las partes del alma en *República* IV (una de las cuales se denomina τὸ θυμοειδές) y de los crímenes cometidos bajo el influjo del θυμός en *Leyes* IX. En el caso de Aristóteles, tanto en su análisis de la incontinencia en *Ética nicomaquea* VII como en su posicionamiento respecto de la voluntariedad de las acciones pasionales en el libro III de la misma obra.

---

[21] Vv. 314-315 y 448. En el primer caso funciona como complemento de agente en genitivo de un participio de voz pasiva, y en el segundo como complemento de especificación de un sustantivo.

[22] Un somero análisis de las más de cien apariciones de κρείσσων en el *corpus* de tragedias que nos han llegado arroja como resultado que el uso más común es sin dudas el comparativo con complemento en genitivo (*v.g. Alcestis*, 965; *Los heráclidas*, 231, 1039; *Hipólito*, 186, 475, 1020; *Andrómaca*, 765, entre otros).

i) "Volverse hombre" en la ética de Aristóteles

Hemos dicho ya que el sentido de algunos términos puede establecerse en función de su relación con el uso del mismo término en otros textos, ya sea por parte del mismo autor como de otro. Al tratarse de una lengua muerta, las resonancias dentro del universo de textos conocidos resultan fundamentales para construir campos semánticos. Sin embargo, nada de esto es posible cuando estamos ante lo que la filología denomina "ἅπαξ λεγόμενον", esto es: un término "dicho una única vez".

En *Ética nicomaquea* X, 8, 1178b7 Aristóteles utiliza la expresión "πρὸς τὸ ἀνθρωπεύεσθαι" para expresar la meta que persigue el hombre contemplativo en la práctica de su felicidad. El verbo "ἀνθρωπεύεσθαι" es un ἅπαξ λεγόμενον, y es, paradójicamente, en ese término que Aristóteles probablemente ha inventado donde se cifra la clave de su ética. El hecho de que esté en voz media (podría haber inventado la forma *ἀνθρωπεύειν) da cuenta del carácter reflexivo, en interés del propio agente, que la actividad del verbo mienta. "ἀνθρωπεύεσθαι" no es, pues, "ser humano" (voz activa), sino "hacerse humano", "humanizarse", cosas ambas que, en el contexto de la ética y política aristotélicas, significan alcanzar la felicidad en tanto meta natural dentro de la ciudad. El hombre, pues, no nace, sino que se hace, y es en la voz media de ese verbo inventado por Aristóteles donde este "hacerse" se ve plasmado: su οὐσία es, en cierto sentido, abierta, necesita ser completada por la educación y una actividad virtuosa sostenida en el tiempo. Este modo de concebir la naturaleza humana y su meta en tanto tal recuerda el modo en que Sófocles comprendió el drama de Edipo; postrado casi al final de su vida, el héroe se lamenta y pregunta:

Ὅτ' οὐκέτ' εἰμί, τηνικαῦτ' ἄρ' εἴμ' ἀνήρ;

"¿Cuando ya no existo, recién entonces soy un hombre?"

La pregunta es, obviamente, retórica: Edipo llega a ser quien realmente es, se consuma como hijo de Layo y Yocasta –y no de Pólibo y Mérope– recién al final de su vida. Su πάθος es su ἀνθρωπεύεσθαι; su sufrimiento, su manera de volverse realmente humano.

7

Conclusión

Hemos visto algunos ejemplos de un estudio filosófico del griego clásico con vistas a reforzar y complementar el estudio de la filosofía antigua a través de la lengua en la que los textos han sido escritos. Como dijimos suficientemente, no hay nada aquí que merezca una nota positiva frente a otros abordajes posibles, sino una alternativa más entre infinitos modos de volver a los pensadores que fundaron nuestra disciplina. No obstante, sí hemos intentado sentar nuevas bases en torno al estatus de la lengua griega para nuestra labor, estatus que tradicionalmente ha sido asociado con cierta rigurosidad estanca o anquilosada que opera puramente como límite para la libertad creativa o hermenéutica del traductor-filósofo. Por el contrario, creemos con Gadamer que:

> "La tarea de la traducción goza siempre de una cierta libertad".[1]

Un estudio filosófico del griego clásico como el que proponemos permite, entonces, materializar lo que la historia de la filosofía occidental ha sido desde sus orígenes: un coro de voces alternativas tratando de buscar cimientos firmes en un universo plagado de nubes.

---

[1] Gadamer (1998: 95).

Elementos de morfología nominal

8

Artículos

Número	Caso	Masculino	Femenino	Neutro
Singular	n.	ὁ	ἡ	τό
	v.	-	-	-
	a.	τόν	τήν	τό
	g.	τοῦ	τῆς	τοῦ
	d.	τῷ	τῇ	τῷ
Plural	n.	οἱ	αἱ	τά
	v.	-	-	-
	a.	τούς	τάς	τά
	g.	τῶν	τῶν	τῶν
	d.	τοῖς	ταῖς	τοῖς

9

Segunda declinación: temas en -o[1]

a) MASCULINOS

Número	Caso	Sustantivo	Adjetivo
Singular	n.	νόμ -ος	δίκαι -ος
	v.	νόμ -ε	δίκαι -ε
	a.	νόμ -ον	δίκαι -ον
	g.	νόμ -ου	δικαί -ου
	d.	νόμ -ῳ	δικαί -ῳ
Plural	n.	νόμ -οι	δίκαι -οι
	v.	νόμ -οι	δίκαι -οι
	a.	νόμ -ους	δικαί -ους
	g.	νόμ -ων	δικαί -ων
	d.	νόμ -οις	δικαί -οις

---

[1] Lecciones α y β, *Guía I* (Mascialino)

b) NEUTROS

Número	Caso	Sustantivo	Adjetivo
Singular	n.	δῶρ -ον	δίκαι -ον
	v.	δῶρ -ον	δίκαι -ον
	a.	δῶρ -ον	δίκαι -ον
	g.	δώρ -ου	δικαί -ου
	d.	δώρ -ῳ	δικαί -ῳ
Plural	n.	δῶρ -α	δίκαι -α
	v.	δῶρ -α	δίκαι -α
	a.	δῶρ -α	δίκαι -α
	g.	δώρ -ων	δικαί -ων
	d.	δώρ -οις	δικαί -οις

10

Primera declinación: temas en -α[1]

a) SINGULAR EN η

Número	Caso	Sustantivo	Adjetivo
Singular	n.	τέχν -η	καλ -ή
	v.	τέχν -η	καλ -ή
	a.	τέχν -ην	καλ -ήν
	g.	τέχν -ης	καλ -ῆς
	d.	τέχν -ῃ	καλ -ῇ
Plural	n.	τέχν -αι	καλ -αί
	v.	τέχν -αι	καλ -αί
	a.	τέχν -ας	καλ -άς
	g.	τεχν-ῶν	καλ -ῶν
	d.	τέχν -αις	καλ -αῖς

---

[1] Lecciones γ, δ, ε y ζ, *Guía I* (Mascialino).

b) SINGULAR EN α PURA

Número	Caso	Sustantivo	Adjetivo
Singular	n. v. a. g. d.	ἡμέρ -α ἡμέρ -α ἡμέρ -αν ἡμέρ -ας ἡμέρ -ᾳ	δικαί -α δικαί -α δικαί -αν δικαί -ας δικαί -ᾳ
Plural	n. v. a. g. d.	ἡμέρ -αι ἡμέρ -αι ἡμέρ -ας ἡμερ -ῶν ἡμέρ -αις	δίκαι -αι δίκαι -αι δικαί -ας δικαι -ῶν δικαί -αις

c) SINGULAR EN α IMPURA

Número	Caso	Sustantivo	Adjetivo
Singular	n. v. a. g. d.	δόξ -α δόξ -α δόξ -αν δόξ -ης δόξ -ῃ	μέλαιν -α μέλαιν -α μέλαιν -αν μελαίν -ης μελαίν -ῃ
Plural	n. v. a. g. d.	δόξ -αι δόξ -αι δόξ -ας δοξ -ῶν δόξ -αις	μέλαιν -αι μέλαιν -αι μελαίν -ας μελαιν -ῶν μελαίν -αις

d) MASCULINOS

Número	Caso	En α pura	En η
Singular	n. v. a. g. d.	νεανί -ας νεανί -α νεανί -αν νεανί -ου νεανί -ᾳ	ποιητ -ής ποιητ -ά ποιητ -ήν ποιητ -οῦ ποιητ -ῇ
Plural	n. v. a. g. d.	νεανί -αι νεανί -αι νεανί -ας νεανι -ῶν νεανί -αις	ποιητ -αί ποιητ -αί ποιητ -άς ποιητ -ῶν ποιητ -αίς

11

Tercera declinación[1]

DESINENCIAS

Género Masculino y Femenino

	SINGULAR	PLURAL
Nominativo	-ς / vocal predesinencial alargada	-ες
Vocativo	igual al nominativo / tema puro	-ες
Acusativo	-α / -ν	-ας
Genitivo	-ος	-ων
Dativo	-ι	-σι (ν)

---

[1] Lecciones η-ν, *Guía I* (Mascialino).

Género Neutro

	SINGULAR	PLURAL
Nominativo	tema puro	-α
Vocativo	tema puro	-α
Acusativo	tema puro	-α
Genitivo	-ος	-ων
Dativo	-ι	-σι (ν)

I) Temas en OCLUSIVAS[2]

I.a.) DENTALES

Número	Caso	Masculino/femenino	Neutro
Singular	n.	λαμπάδ-ς > λαμπάς	σῶματ > σῶμα
	v.	λαμπάς	σῶμα
	a.	λαμπάδ-α	σῶμα
	g.	λαμπάδ-ος	σώματ-ος
	d.	λαμπάδ-ι	σώματ-ι
Plural	n.	λαμπάδ-ες	σώματ-α
	v.	λαμπάδ-ες	σώματ-α
	a.	λαμπάδ-ας	σώματ-α
	g.	λαμπάδ-ων	σωμάτ-ων
	d.	λαμπάσι (ν)	σώμασι (ν)

---

[2] Lección η, *Guía I* (Mascialino).

I.b) LABIALES

Número	Caso	Masculino/femenino
Singular	n. v. a. g. d.	φλέβ-ς > φλέψ φλέψ φλέβ-α φλεβ-ός φλεβ-ί
Plural	n. v. a. g. d.	φλέβ-ες φλέβ-ες φλέβ-ας φλεβ-ῶν φλεψί (ν)

I.c) VELARES

Número	Caso	Masculino/femenino
Singular	n. v. a. g. d.	φύλακ-ς > φύλαξ φύλαξ φύλακ-α φύλακ-ος φύλακ-ι
Plural	n. v. a. g. d.	φύλακ-ες φύλακ-ες φύλακ-ας φυλάκ-ων φύλαξι (ν)

II) Temas en ν[3]

II.a) Sustantivos

Asigmáticos

Número	Caso		
Singular	n. v. a. g. d.	ποιμήν ποιμήν ποιμέν-α ποιμέν-ος ποιμέν-ι	ἡγεμών ἡγεμών ἡγεμόν-α ἡγεμόν-ος ἡγεμόν-ι
Plural	n. v. a. g. d.	ποιμέν-ες ποιμέν-ες ποιμέν-ας ποιμέν-ων ποιμέσι (ν)	ἡγεμόν-ες ἡγεμόν-ες ἡγεμόν-ας ἡγεμόν-ων ἡγεμόσι (ν)

Sigmáticos

Número	Caso	
Singular	n. v. a. g. d.	δελφίς δελφίς δελφῖν-α δελφῖν-ος δελφῖν-ι
Plural	n. v. a. g. d.	δελφῖν-ες δελφῖν-ες δελφῖν-ας δελφίν-ων δελφῖσι (ν)

---

[3] Lección θ, *Guía I* (Mascialino).

II.b) Adjetivos

Número	Caso	Masculino/femenino	Neutro
Singular	n. v. a. g. d.	εὐδαίμων εὐδαίμον εὐδαίμον-α εὐδαίμον-ος εὐδαίμον-ι	εὐδαίμον εὐδαίμον εὐδαίμον εὐδαίμον-ος εὐδαίμον-ι
Plural	n. v. a. g. d.	εὐδαίμον-ες εὐδαίμον-ες εὐδαίμον-ας εὐδαιμόν-ων εὐδαίμοσι (ν)	εὐδαίμον-α εὐδαίμον-α εὐδαίμον-α εὐδαιμόν-ων εὐδαίμοσι (ν)

II.c) Adjetivos comparativos

Número	Caso	Masculino/femenino	Neutro
Singular	n. v. a. g. d.	κρείττων κρεῖττον κρείττονα / -ω κρείττον-ος κρείττον-ι	κρεῖττον κρεῖττον κρεῖττον κρείττον-ος κρείττον-ι
Plural	n. v. a. g. d.	κρείττονες / -ους κρείττονες / -ους κρείττονας / -ους κρειττόν-ων κρείττοσι (ν)	κρείττονα / -ω κρείττονα / -ω κρείττονα / -ω κρειττόν-ων κρείττοσι (ν)

II.d) Pronombre interrogativo e indefinido

Interrogativo

	caso	masc.-fem.	neutro
Singular	n. a. g. d.	τίς τίνα τίνος / τοῦ τίνι / τῷ	τί τί τίνος / τοῦ τίνι / τῷ
Plural	n. a. g. d.	τίνες τίνας τίνων τίσι (ν)	τίνα τίνα τίνων τίσι (ν)

Indefinido

	caso	masc.-fem.	neutro
Singular	n. a. g. d.	τις τις τινός / του τινί / τῳ	τι τι τινός / του τινί / τῳ
Plural	n. a. g. d.	τινές τινές τινῶν τισί (ν)	τινά τινά τινῶν τισί (ν)

II.e) Adjetivo numeral

	Masc.	Fem.	Neutro
n.	εἷς	μία	ἕν
a.	ἕνα	μίαν	ἕν
g.	ἑνός	μιᾶς	ἑνός
d.	ἑνί	μιᾷ	ἑνί

II.f) οὐδείς // μηδείς

	Masc.	Fem.	Neutro
n.	οὐδείς	οὐδεμία	οὐδέν
a.	οὐδένα	οὐδεμίαν	οὐδέν
g.	οὐδενός	οὐδεμιᾶς	οὐδενός
d.	οὐδενί	οὐδεμιᾷ	οὐδενί

	Masc.	Fem.	Neutro
n.	μηδείς	μηδεμία	μηδέν
a.	μηδένα	μηδεμίαν	μηδέν
g.	μηδενός	μηδεμιᾶς	μηδενός
d.	μηδενί	μηδεμιᾷ	μηδενί

III) Temas en -ντ[4]

III.a) Sustantivos

Número	Caso	Asigmáticos	Sigmáticos
Singular	n.	γέρων	ὁδούς
	v.	γέρων	ὁδούς
	a.	γέροντ-α	ὁδόντ-α
	g.	γέροντ-ος	ὁδόντ-ος
	d.	γέροντ-ι	ὁδόντ-ι
Plural	n.	γέροντ-ες	ὁδόντ-ες
	v.	γέροντ-ες	ὁδόντ-ες
	a.	γέροντ-ας	ὁδόντ-ας
	g.	γερόντ-ων	ὁδόντ-ων
	d.	γέρουσι (ν)	ὁδοῦσι (ν)

---

[4] Lección ι, *Guía I* (Mascialino).

IV) Temas en ρ y λ[5]

IV.a) Sustantivos en ρ

Número	Caso	Masculinos y femeninos		Neutros
Singular	n.	αἰθήρ	ῥήτωρ	θέναρ
	v.	αἰθέρ	ῥῆτορ	θέναρ
	a.	αἰθέρ-α	ῥήτορ-α	θέναρ
	g.	αἰθέρ-ος	ῥήτορ-ος	θέναρ-ος
	d.	αἰθέρ-ι	ῥήτορ-ι	θέναρ-ι
Plural	n.	αἰθέρ-ες	ῥήτορ-ες	
	v.	αἰθέρ-ες	ῥήτορ-ες	
	a.	αἰθέρ-ας	ῥήτορ-ας	
	g.	αἰθέρ-ων	ῥητόρ-ων	
	d.	αἰθέρ-σι (ν)	ῥήτορ-σι (ν)	

IV.b) Sustantivos en ρ con síncopa

Número	Caso	Tema πατερ-	Tema ἀνερ-
Singular	n.	πατήρ	ἀνήρ
	v.	πάτερ	ἄνερ
	a.	πατέρ -α	ἄνδρ-α
	g.	πατρ-ός	ἀνδρ-ός
	d.	πατρ-ί	ἀνδρ-ί
Plural	n.	πατέρ-ες	ἄνδρ-ες
	v.	πατέρ-ες	ἄνδρ-ες
	a.	πατέρ-ας	ἄνδρ-ας
	g.	πατέρ-ων	ἀνδρ-ῶν
	d.	πατράσι (ν)	ἀνδράσι (ν)

---

5   Lección κ, *Guía I* (Mascialino).

IV.c) Sustantivo en λ

Número	Caso	Masculino/femenino
Singular	n. v. a. g. d.	ἅλ-ς ἅλ-ς ἅλ-α ἁλ-ός ἁλ-ί
Plural	n. v. a. g. d.	ἅλ-ες ἅλ-ες ἅλ-ας ἁλ-ῶν ἁλ-σί (ν)

V) Temas en σ[6]

V.a) Sustantivos masculinos y femeninos

Número	Caso	Temas en εσ-	Temas en οσ-
Singular	n. v. a. g. d.	τριήρης τριῆρες τριήρ-η τριήρ-ους τριήρ-ει	αἰδώς αἰδώς αἰδῶ αἰδοῦς αἰδοῖ
Plural	n. v. a. g. d.	τριήρ-εις τριήρ-εις τριήρ-εις τριήρ-ων τριήρεσι (ν)	

---

[6] Lección λ, *Guía I* (Masciallno).

V.b) Sustantivos neutros

Número	Caso	Temas en οσ- / εσ-	Temas en ασ-
Singular	n.	γένος	γέρας
	v.	γένος	γέρας
	a.	γένος	γέρας
	g.	γέν-εος / -ους	γέρ-ως
	d.	γέν-ει	γέρ-αι
Plural	n.	γέν-η	γέρας
	v.	γέν-η	γέρας
	a.	γέν-η	γέρας
	g.	γεν-ῶν	γερῶν
	d.	γένεσι (ν)	γέρασι (ν)

V.c) Adjetivos

Número	Caso	Masculino / femenino	Neutro
Singular	n.	ἀληθής	ἀληθές
	v.	ἀληθές	ἀληθές
	a.	ἀληθῆ	ἀληθές
	g.	ἀληθοῦς	ἀληθοῦς
	d.	ἀληθεῖ	ἀληθεῖ
Plural	n.	ἀληθεῖς	ἀληθῆ
	v.	ἀληθεῖς	ἀληθῆ
	a.	ἀληθεῖς	ἀληθῆ
	g.	ἀληθῶν	ἀληθῶν
	d.	ἀληθέσι (ν)	ἀληθέσι (ν)

VI) Temas en F o w[7]

VI.a) Temas en F

Número	Caso	Temas en υ	Temas en υ/ευ	
		Masc. / Fem.	Masc. / Fem.	Neutros
Singular	n. v. a. g. d.	ἰχθύς ἰχθύ ἰχθύ-ν ἰχθύ-ος ἰχθύ-ι	πῆχυς πῆχυ πῆχυ-ν πήχεως πήχει	ἄστυ ἄστυ ἄστυ ἀστέως ἄστει
Plural	n. v. a. g. d.	ἰχθύ-ες ἰχθύ-ες ἰχθῦ-ς ἰχθύ-ων ἰχθύ-σι (ν)	πήχεις πήχεις πήχεις πήχε-ων πήχε-σι(ν)	ἄστη ἄστη ἄστη ἀστέων ἄστεσι (ν)

VI.b) Temas en diptongo

Número	Caso	Temas en αυ	Temas en ευ	Temas en ου
Singular	n. v. a. g. d.	γραῦς γραῦ γραῦν γραός γραί	βασιλεύς βασιλεῦ βασιλέα βασιλέως βασιλεῖ	βοῦς βοῦ βοῦν βοός βοί
Plural	n. v. a. g. d.	γρᾶες γρᾶες γραῦς γραῶν γραυσί (ν)	βασιλεῖς βασιλεῖς βασιλεῖς βασιλέων βασιλεῦσι(ν)	βόες βόες βοῦς βοῶν βουσί (ν)

---

[7] Lección μ, *Guía I* (Mascialino).

VII) Temas en y / j [8]

Número	Caso	Temas en ι	Temas en ι / ει	Temas en οι
Singular	n.	οἶς	πόλις	πείθω
	v.	οἶ	πόλι	πειθοῖ
	a.	οἶν	πόλιν	πειθώ
	g.	οιός	πόλεως	πειθούς
	d.	οιί	πόλει	πειθοί
Plural	n.	οἶες	πόλεις	
	v.	οἶες	πόλεις	
	a.	οἶς	πόλεις	
	g.	οἰῶν	πόλεων	
	d.	οἰσί (ν)	πόλεσι (ν)	

---

[8] Lección v, *Guía I* (Mascialino).

12

Pronombres

a) Pronombres personales

Número	Caso	1ª persona	2ª persona
Singular	n.	ἐγώ	σύ
	a.	ἐμέ / με	σέ / σε
	g.	ἐμοῦ / μου	σοῦ / σου
	d.	ἐμοί / μοι	σοί / σοι
Plural	n.	ἡμεῖς	ὑμεῖς
	a.	ἡμᾶς	ὑμᾶς
	g.	ἡμῶν	ὑμῶν
	d.	ἡμῖν	ὑμῖν

b) Pronombre y adjetivo οὗτος αὕτη τοῦτο

Número	Caso	Masculino	Femenino	Neutro
Singular	n.	οὗτος	αὕτη	τοῦτο
	a.	τοῦτον	ταύτην	τοῦτο
	g.	τούτου	ταύτης	τούτου
	d.	τούτῳ	ταύτῃ	τούτῳ
Plural	n.	οὗτοι	αὗται	ταῦτα
	a.	τούτους	ταύτας	ταῦτα
	g.	τούτων	τούτων	τούτων
	d.	τούτοις	ταύταις	τούτοις

Elementos de morfología verbal

13

Verbo εἰμί

	Indicativo	Imperat.	Subjuntivo	Optativo	Infinitivo	Participio
Presente	εἰμί εἶ ἐστί (ν) ἐσμέν ἐστέ εἰσί (ν)	ἴσθι ἔστω ἔστε ὄντων	ὦ ᾖς ᾖ ὦμεν ἦτε ὦσι (ν)	εἴην εἴης εἴη εἶμεν εἶτε εἶεν	εἶναι	M. ὤν ὄντος F. οὖσα οὔσης N. ὄν ὄντος
Imperfecto	ἦν /ἦ ἦσθα ἦν ἦμεν ἦτε ἦσαν					
Futuro	ἔσομαι ἔσει /ἔσῃ ἔσται ἐσόμεθα ἔσεσθε ἔσονται			ἐσοίμην ἔσοιο ἔσοιτο ἐσοίμεθα ἔσοισθε ἔσοιντο		M. ἐσόμενος ἐσομένου F. ἐσομένη ἐσομένης N. ἐσόμενον ἐσομένου

14

Verbos en -ω

VOZ ACTIVA

	Indicativo	Imperativo	Subjuntivo
Presente	λύ-ω λύ-εις λύ-ει λύ-ομεν λύ-ετε λύ-ουσι (ν)	λύ-ε λυ-έτω λύ-ετε λυ-όντων	λύω λύῃς λύῃ λύωμεν λύητε λύωσι (ν)
Imperfecto	ἔ-λυ-ον ἔ-λυ-ες ἔ-λυ-ε (ν) ἐ-λύ-ομεν ἐ-λύ-ετε ἔ-λυ-ον		
Futuro	λύσω λύσεις λύσει λύσομεν λύσετε λύσουσι (ν)		
Aoristo	ἔλυσα ἔλυσας ἔλυσε (ν) ἐλύσαμεν ἐλύσατε ἔλυσαν	λῦσον λυσάτω λύσατε λυσάντων	λύσω λύσῃς λύσῃ λύσωμεν λύσητε λύσωσι (ν)

Perfecto	λέλυκα λέλυκας λέλυκε (v) λελύκαμεν λελύκατε λελύκασι (v)	λελυκὼς ἴσθι λελυκὼς ἔστω λελυκότες ἔστε λελυκότες ὄντων	λελύκω λελύκῃς λελύκῃ λελύκωμεν λελύκητε λελύκωσι (v)
Pluscuamperfecto	ἐλελύκειν ἐλελύκεις ἐλελύκει ἐλελύκειμεν ἐλελύκειτε ἐλελύκεσαν		

	Optativo	Infinitivo	Participio
Presente	λύοιμι λύοις λύοι λύοιμεν λύοιτε λύοιεν	λύειν	M. λύων λύοντος F. λύουσα λυούσης N. λύον λύοντος
Imperfecto			
Futuro	λύσοιμι λύσοις λύσοι λύσοιμεν λύσοιτε λύσοιεν	λύσειν	M. λύσων λύσοντος F. λύσουσα λυσούσης N. λῦσον λύσοντος
Aoristo	λύσαιμι λύσειας λύσειε λύσαιμεν λύσαιτε λύσειαν	λῦσαι	M. λύσας λύσαντος F. λύσασα λυσάσης N. λῦσαν λύσαντος

Perfecto	λελύκοιμι λελύκοις λελύκοι λελύκοιμεν λελύκοιτε λελύκοιεν	λελυκέναι	M. λελυκώς λελυκότος F. λελυκυῖα λελυκυίας N. λελυκός λελυκότος
Pluscuamperfecto			

VOZ MEDIA

	Indicativo	Imperativo	Subjuntivo
Presente	λύομαι λύει/ λύῃ λύεται λυόμεθα λύεσθε λύονται	λύου λυέσθω λύεσθε λυέσθων	λύωμαι λύῃ λύηται λυώμεθα λύησθε λύωνται
Imperfecto	ἐλυόμην ἐλύου ἐλύετο ἐλυόμεθα ἐλύεσθε ἐλύοντο		
Futuro	λύσομαι λύσει/ λύσῃ λύσεται λυσόμεθα λύσεσθε λύσονται		
Aoristo	ἐλυσάμην ἐλύσω ἐλύσατο ἐλυσάμεθα ἐλύσασθε ἐλύσαντο	λῦσαι λυσάσθω λύσασθε λυσάσθων	λύσωμαι λύσῃ λύσηται λυσώμεθα λύσησθε λύσωνται

Perfecto	λέλυμαι λέλυσαι λέλυται λελύμεθα λέλυσθε λέλυνται	λέλυσο λελύσθω λέλυσθε λελύσθων	λελυμένος ὦ λελυμένος ᾖς λελυμένος ᾖ λελυμένοι ὦμεν λελυμένοι ἦτε λελυμένοι ὦσι (ν)
Pluscuamperfecto	ἐλελύμην ἐλέλυσο ἐλέλυτο ἐλελύμεθα ἐλέλυσθε ἐλέλυντο		

	Optativo	Infinitivo	Participio
Presente	λυοίμην λύοιο λύοιτο λυοίμεθα λύοισθε λύοιντο	λύεσθαι	M. λυόμενος λυομένου F. λυομένη λυομένης N. λυόμενον λυομένου
Imperfecto			
Futuro	λυσοίμην λύσοιο λύσοιτο λυσοίμεθα λύσοισθε λύσοιντο		M. λυσόμενος λυσομένου F. λυσομένη λυσομένης N. λυσόμενον λυσομένου
Aoristo	λυσαίμην λύσαιο λύσαιτο λυσαίμεθα λύσαισθε λύσαιντο		M. λυσάμενος λυσαμένου F. λυσαμένη λυσαμένης N. λυσάμενον λυσαμένου

Perfecto	λελυμένος εἴην λελυμένος εἴης λελυμένος εἴη λελυμένοι εἴμεν λελυμένοι εἶτε λελυμένοι εἶεν	λελύσθαι	M. λελυμένος λελυμένου F. λελυμένη λελυμένης N. λελυμένον λελυμένου
Pluscuamperfecto			

VOZ PASIVA

	Indicativo	Imperativo	Subjuntivo
Presente	λύομαι λύει/ λύῃ λύεται λυόμεθα λύεσθε λύονται	λύου λυέσθω λύεσθε λυέσθων	λύωμαι λύῃ λύηται λυώμεθα λύησθε λύωνται
Imperfecto	ἐλυόμην ἐλύου ἐλύετο ἐλυόμεθα ἐλύεσθε ἐλύοντο		
Futuro	λυθήσομαι λυθήσει/ λυθήσῃ λυθήσεται λυθησόμεθα λυθήσεσθε λυθήσονται		
Aoristo	ἐλύθην ἐλύθης ἐλύθη ἐλύθημεν ἐλύθητε ἐλύθησαν	λύθετι λυθήτω λύθητε λυθήντων	λυθῶ λυθῇς λυθῇ λυθῶμεν λυθῆτε λυθῶσι (ν)

Perfecto	λέλυμαι λέλυσαι λέλυται λελύμεθα λέλυσθε λέλυνται	λέλυσο λελύσθω λέλυσθε λελύσθων	λελυμένος ὦ λελυμένος ᾖς λελυμένος ᾖ λελυμένοι ὦμεν λελυμένοι ἦτε λελυμένοι ὦσι (ν)
Pluscuamperfecto	ἐλελύμην ἐλέλυσο ἐλέλυτο ἐλελύμεθα ἐλέλυσθε ἐλέλυντο		

	Optativo	Infinitivo	Participio
Presente	λυοίμην λύοιο λύοιτο λυοίμεθα λύοισθε λύοιντο	λύεσθαι	M. λυόμενος λυομένου F. λυομένη λυομένης N. λυόμενον λυομένου
Imperfecto			
Futuro	λυθησοίμην λυθήσοιο λυθήσοιτο λυθησοίμεθα λυθήσοισθε λυθήσοιντο	λυθήσεσθαι	M. λυθησόμενος λυθησομένου F. λυθησομένη λυθησομένης N. λυθησόμενον λυθησομένου
Aoristo	λυθείην λυθείης λυθείη λυθείμεν λυθεῖτε λυθεῖεν	λυθῆναι	M. λυθείς λυθέντος F. λυθεῖσα λυθείσης N. λυθέν λυθέντος

Perfecto	λελυμένος εἴην λελυμένος εἴης λελυμένος εἴη λελυμένοι εἶμεν λελυμένοι εἶτε λελυμένοι εἶεν	λελύσθαι	M. λελυμένος λελυμένου F. λελυμένη λελυμένης N. λελυμένον λελυμένου
Pluscuamperfecto			

Aumentos temporales en verbos con vocal o diptongo inicial

α resulta η (ἀγορεύω > ἠγόρευον)
ε resulta η (ἐλπίζω > ἤλπιζον)
ο resulta ω (ὁρίζω > ὥριζον)
αι resulta ῃ (αἴρω > ᾖρον)
ει resulta ῃ (εἰκάζω > ᾔκαζον)
οι resulta ῳ (οἰκίζω > ᾤκιζον)
αυ resulta ηυ (αὐξάνω > ηὔξανον)
ευ resulta ηυ (εὑρίσκω > ηὕρισκον)
ου no se altera (οὐτάζω > οὔταζον)
η no se altera (ἥκω > ἧκον)
ω no se altera (ὠδίνω > ὤδινον)

Verbos contractos

Verbos en -αω	α + ε ; α + η α + ει ; α + ῃ α + ο ; α + ω ; α + ου α + οι	α ᾳ ω ῳ
Verbos en –	ε + vocal larga ε + ε ε + ο	desaparece ει ου
Verbos en –	ο + η ; ο + ω ο + ε ; ο + ο ; ο + ου ο + ῃ ; ο + ει ; ο + οι	ω ου οι

Verbos con tema terminado en consonantes oclusivas

labiales + σ ——————> ψ
velares + σ ——————> ξ
dentales + σ ——————> desaparece la dental

labiales + σθ ——————> φθ
velares + σθ ——————> χθ
dentales + σθ ——————> desaparece la dental

labiales + κ ——————> φ
velares + κ ——————> χ
dentales + κ ——————> desaparece la dental

labiales + θ ——————> se convierte en φ
velares + θ ——————> se convierte en χ
dentales + θ ——————> se convierte en σ

labiales + μ ――――> se convierte en μ
velares + μ ――――> se convierte en γ
dentales + μ ――――> se convierte en σ

labiales + τ ――――> se convierte en π
velares + τ ――――> se convierte en κ
dentales + τ ――――> se convierte en σ

Verbos con tema terminado en consonantes líquidas

Tema en	Pres.-Impf.	Fut. Act. y Med.	Aor. Act. y Med.	Perf. Act.	Perf. Med. y Pas.
λ	λλ	tema puro formas contractas en εω	asigmático con compensación	tema puro o modificado	tema act. + desinencias ctes.
μ	una ν sigue a la μ	tema puro formas contractas en εω	asigmático con compensación	ηκα	tema act. + desinencias ctes.
ν	ι antes de la ν	tema puro formas contractas en εω	asigmático con compensación	tema puro o modificado	tema act. + desinencias ctes.
ρ	ι antes de la ρ	tema puro formas contractas en εω	asigmático con compensación	tema puro o modificado	tema act. + desinencias ctes.

Compensación por ausencia de ι

ε resulta ει
α resulta η
α resulta α (cuando precedida por ι o ρ)
ι resulta ι

15

Verbos en -μι

Existen tres clases:

(1) Con reduplicación en ι en Presente e Imperfecto[1]

√ δο ――> δί-δω-μι
√ θε ――> τί-θη-μι
√ στα ――> ἵ-στη-μι

(2) En -νυμι (-ννυμι post vocal)[2]

δείκ-νυ-μι
ὄλ-λυ-μι

(3) Sin reduplicación ni sufijo[3]

φη-μί

---
[1] Cf. Berenguer Amenós §§ 195-204.
[2] Cf. Berenguer Amenós §§ 205-207.
[3] Cf. Berenguer Amenós § 208.

Conjugación del primer grupo

Cuando el tema termina por vocal (θε, δο, στα), en la segunda y tercera serie se comportan como los contractos respectivos

Presente	Futuro	Aoristo	Perfecto
τίθημι	θή-σω	ἔ-θη-κα	τέ-θη-κα
δίδωμι	δώ-σω	ἔ-δω-κα	δέ-δω-κα
ἵστημι	στή-σω	ἔ-στη-σα	ἔ-στη-κα

Presente

En las tres personas del singular se produce un alargamiento de la vocal temática; en el plural, subsiste la forma breve.

τίθημι
τίθης
τίθησι
τίθεμεν
τίθετε
τιθέασι (ν)

Aoristo

En las tres personas del singular aparece un formante -κ-

ἔθηκα
ἔθηκας
ἔθηκε (ν)
ἔθεμεν
ἔθετε
ἔθεσαν

Conjugación del segundo grupo

Tema puro y transformaciones correspondientes desde la segunda serie.

Presente	Futuro	Aoristo	Perfecto
δείκνυμι	δείξω	ἔδειξα	δέδειχα

Antología de textos

16

Antología

0) ἐγὼ ἐμὸς εἰμί. Eurípides, fr. 1005 N.

1) εἰμὶ σοφός.[1]

2) ἐγὼ οὐκ αἴτιός εἰμι.[2]

3) ὁ μὲν νοῦς ἀρχικός ἐστι τοῦ λόγου, ὁ δὲ λόγος ὑπηρετικὸς τοῦ νοῦ.[3]

4) ῥεῖα θεοὶ κλέπτουσιν ἀνθρώπων νόον.[4]

---

[1] Platón, *Eutifrón* 11d7.
[2] Homero, *Ilíada* XIX, 86.
[3] Plutarco, *De liberis educandis* 5e.
[4] Simónides, fr. 20.

5) ἰατρός ἐστιν ὁ λόγος ἀνθρώποις νόσων. [5]

6) παρὰ γὰρ ἐμοὶ θάνατος.[6]

7) φημὶ δ' οὔ σε μανθάνειν.[7]

8) τούτου τοῦ ἀνθρώπου ἐγὼ σοφώτερός εἰμι. [8]

9) οὗτος ὑμῶν, ὦ ἄνθρωποι, σοφώτατός ἐστιν. [9]

10) ὁ Κῦρος ἔπεμπε τοὺς ἀγγέλους εἰς τοὺς συμμάχους καὶ οἱ Χαλδαῖοι τούτους ἐνόμιζον ἱκανωτάτους εἶναι, ἀλλὰ καὶ ἄλλους ἀγγέλους συνέπεμπον. [10]

11) φασὶ γὰρ δεῖν τὸ ἴσον ἔχειν ἕκαστον τῶν ἀνθρώπων. [11]

---

5 Menandro, fr. 782.
6 Aristóteles, *Política* 1258a14 (citando *Ilíada* II, 393).
7 Sófocles, *Filoctetes* 1389.
8 Platón, *Apología de Sócrates* 21d.
9 Platón, *Apología de Sócrates* 23b.
10 Jenofonte, *Ciropedia* III.3.1. Con leves modificaciones.
11 Aristóteles, *Política* 1317b7. "ἀνθρώπων" en lugar de "πολιτῶν" en el original.

12) δεῖ μὲν γὰρ ἀσχολεῖν [δύνασθαι] καὶ πολεμεῖν, μᾶλλον δ' εἰρηνεύειν καὶ σχολάζειν, καὶ τἀναγκαῖα καὶ τὰ χρήσιμα δὲ πράττειν, τὰ δὲ καλὰ δεῖ μᾶλλον. [12]

13) Σωκράτης τὴν πενίαν ἔλεγεν μικρὰν εἶναι σωφροσύνην. [13]

14) ἀνθρώπων δύο πήρας ἕκαστος φέρει, τὴν μὲν ἔμπροσθεν, τὴν δὲ ὄπισθεν, κακῶν δὲ μεστή ἐστιν ἑκατέρα. ἀλλὰ ἡ μὲν ἔμπροσθεν τῶν ἀλλοτρίων <ἐστι μεστή>, ἡ δὲ ὄπισθεν τῶν ἰδίων. διὸ οἱ ἄνθρωποι τὰ ἴδια κακὰ οὐκ αἰσθάνονται, τὰ δὲ ἀλλότρια πάνυ ἀκριβῶς βλέπουσιν. [14]

---

[12] Aristóteles, *Política* 1333a41. "εἰρηνεύειν" en lugar de "εἰρήνην ἄγειν" en el original.
[13] Estobeo IV.32.18.
[14] Esopo 304 (Ch.).

15) ΠΙΘΗΚΟΥ ΠΑΙΔΕΣ

τοὺς πιθήκους φασὶ δύο τίκτειν καὶ τὸ μὲν ἕτερον [τῶν γεννημάτων] στέργειν καὶ μετ' ἐπιμελείας τρέφειν, τὸ δὲ ἕτερον μισεῖν καὶ ἀμελεῖν. συμβαίνει δὲ κατά [τινα] θείαν τύχην τὸ μὲν [ἐπιμελούμενον] ἀποθνῄσκειν, τὸ δὲ [ὀλιγωρούμενον] ἐκτελειόεσθαι. ὁ λόγος δηλόει, ὅτι πάσης προνοίας ἡ τύχη δυνατωτέρα [καθέστηκεν]. [15]

16) καίτοι σε Θῆβαί γ' οὐκ ἐπαίδευσαν κακόν.[16]

---

[15] Esopo 308 (Ch.).
[16] Sófocles, *Edipo en Colono* 919.

17) τὴν γὰρ τοῦ θυμοῦ καὶ φόβου καὶ ἡδονῆς καὶ λύπης καὶ φθόνων καὶ ἐπιθυμιῶν ἐν ψυχῇ τυραννίδα [...] πάντως ἀδικίαν προσαγορεύω.[17]

18) μετὰ δὲ ταῦτα δεῖ περὶ φιλίας λέγειν· ἔστι γὰρ ἡ φιλία ἀρετή τις ἢ μετ' ἀρετῆς, ἔτι δ' ἀναγκαιότατον εἰς τὸν βίον. ἄνευ γὰρ φίλων οἱ ἄνθρωποι οὐ αἱροῦσι τὴν ζωήν [...]. ἐν πενίᾳ τε καὶ τοῖς λοιποῖς δυστυχήμασι μόνην οἴονται καταφυγὴν εἶναι τοὺς φίλους.[18]

---

[17] Platón, Leyes 863e6-864a1.
[18] Aristóteles, Ética nicomaquea 1155a3-12. Con leves modificaciones.

19) δεῖ, ὦ φίλοι, ὑμῖν με λέγειν ὅτι ἐμοίχευεν Ἐρατοσθένης τὴν γυναῖκα τὴν ἐμὴν καὶ ἐκείνην τε διέφθειρε καὶ τοὺς παῖδας τοὺς ἐμοὺς ᾔσχυνε.[19]

20) τὰ γὰρ καλά τε κἀγαθὰ οὐ διὰ τὰς ὡραιότητας, ἀλλὰ διὰ τὰς ἐν τῷ βίῳ ἀρετὰς τοῖς ἀνθρώποις ἐπαύξεται. [20]

21) ᾧ ὁρῶμεν τοῦτο εἰσὶν ὀφθαλμοὶ ἢ δι' οὗ 'ορῶμεν; [21]

22) Ἀσπασίας γὰρ τῆς Μιλησίας, περὶ ἧς καὶ οἱ κωμικοὶ πολλὰ δὴ καταγράφουσιν, Σωκράτης μὲν ἀπέλαυσεν εἰς φιλοσοφίαν, Περικλῆς δὲ εἰς ῥητορικήν. [22]

---

[19] Lisias I.4.1
[20] Jenofonte, *Económico* VII.43.
[21] Platón, *Teeteto* 184c
[22] Clemente de Alejandría, *Strómata* IV.19.122.

23) τοῖς πράγμασι γὰρ οὐχὶ θυμόεσθαι χρέων · μέλει γὰρ αὐτοῖς οὐδέν.[23]

24) μητρός τε καὶ πατρὸς καὶ τῶν ἄλλων προγόνων ἁπάντων τιμιώτερόν ἐστιν πατρὶς καὶ σεμνότερον καὶ ἁγιώτερον καὶ ἐν μείζονι μοίρᾳ καὶ παρὰ θεοῖς καὶ παρ' ἀνθρώποις τοῖς νοῦν ἔχουσι, καὶ σέβεσθαι δεῖ καὶ μᾶλλον ὑπείκειν καὶ θωπεύειν πατρίδα χαλεπαίνουσαν ἢ πατέρα, καὶ ἢ πείθειν ἢ ποιεῖν ἃ <αὐτή> κελεύει.[24]

---

[23] Eurípides, fr. 287 ("θυμοῦσθαι" en el original, en lugar de "θυμόεσθαι").
[24] Platón, Critón 51a8-b7. "κελεύει" en lugar de "ἂν κελεύῃ" en el original.

25) ΛΑ.- ἀλλ' ἔστι μέν, ὦ Νικία, χαλεπὸν λέγειν περὶ μαθήματός

τινος ὡς οὐ χρὴ μανθάνειν· πάντα γὰρ ἐπίστασθαι ἀγαθὸν δοκεῖ

εἶναι. καὶ τὸ ὁπλιτικὸν τοῦτο ἐστιν μάθημα, ὅπερ φασὶν οἱ

διδάσκοντες. χρὴ γὰρ αὐτὸ μανθάνειν. [25]

26) οὐ πάντες πολῖται <οὗτοι> ὧν ἄνευ οὐκ ἔστι πόλις, ἐπεὶ οὐδ'

οἱ παῖδες ὡσαύτως πολῖται καὶ οἱ ἄνδρες, ἀλλ' οἱ μὲν ἁπλῶς οἱ δ'

ἐξ ὑποθέσεως· πολῖται μὲν γάρ εἰσιν, ἀλλ' ἀτελεῖς. [26]

27) τέταρτον δ' εἶδος μοναρχίας βασιλικῆς αἱ κατὰ τοὺς ἡρωικοὺς

χρόνους ἑκούσιαί τε καὶ πάτριαι μοναρχίαι κατὰ νόμον. διὰ γὰρ

τὸ τοὺς πρώτους τοῦ πλήθους εὐεργέτας κατὰ τέχνας ἢ πόλεμον

---

[25] Platón, *Laques* 182d6-e2. Levemente modificado.
[26] Aristóteles, *Política* 1278a2-6. Levemente modificado.

γίγνεσθαι ἐγίγνοντο βασιλεῖς ἑκόντων καὶ τοῖς παραλαμβάνουσι

πάτριοι. κύριοι δ' ἦσαν τῆς τε κατὰ πόλεμον ἡγεμονίας καὶ τῶν

θυσιῶν, ὅσαι μὴ ἱερατικαί, καὶ πρὸς τούτοις τὰς δίκας ἔκρινον. [27]

28) ἐκ τούτων οὖν φανερὸν ὅτι φύσει ἡ πόλις ἐστί, καὶ ὅτι ὁ

ἄνθρωπος φύσει πολιτικὸν ζῷον, καὶ ὁ ἄπολις διὰ φύσιν καὶ οὐ

διὰ τύχην φαῦλός ἐστιν ἢ κρείττων ἀνθρώπου. [...] αἴτιον ὅτι

οὐδὲν, ὡς φαμέν, μάτην ἡ φύσις ποιεῖ· λόγον δὲ μόνον ἄνθρωπος

ἔχει τῶν ζῴων· ἡ μὲν οὖν φωνὴ τοῦ λυπηροῦ καὶ ἡδέος ἐστὶ

σημεῖον (διὸ καὶ τοῖς ἄλλοις ζῴοις ὑπάρχει), ὁ δὲ λόγος δηλόει τὸ

συμφέρον καὶ τὸ βλαβερόν, καὶ τὸ δίκαιον καὶ τὸ ἄδικον. τοῦτο

---

[27] Aristóteles, *Política* 1285b3-11.

ἴδιον τοῦ ἀνθρώπου πρὸς τὰ ἄλλα ζῷα· τὸ ἀγαθοῦ καὶ κακοῦ καὶ δικαίου καὶ ἀδίκου καὶ τῶν ἄλλων αἴσθησιν ἔχειν· ἡ δὲ τούτων κοινωνία ποιεῖ οἰκίαν καὶ πόλιν. καὶ πρότερον δὲ τῇ φύσει πόλις οἰκίας καὶ ἑκάστου ἡμῶν ἐστιν. τὸ γὰρ ὅλον πρότερον ἀναγκαῖον εἶναι τοῦ μέρους [...]. ὅτι μὲν οὖν ἡ πόλις καὶ φύσει καὶ πρότερον ἑκάστου, δῆλον.[28]

29) μεγάλα δ' ἔγωγε ὑμῖν τεκμήρια παρέξομαι τούτων, οὐ λόγους ἀλλ' ὃ ὑμεῖς τιμᾶτε, ἔργα [...]. ἐγὼ γάρ, ὦ ἄνδρες Ἀθηναῖοι, ἄλλην μὲν ἀρχὴν οὐδεμίαν πώποτε ἦρξα ἐν τῇ πόλει, ἐβούλευσα δέ [...]. τότ' ἐγὼ μόνος ἠναντιώθην ὑμῖν καὶ ἐναντία ἐψηφισάμην. [29]

---

[28] Aristóteles, *Política* 1253a1-26. Con intervalos. Levemente modificado.
[29] Platón, *Apología de Sócrates* 32a4-b7. Con intervalos.

30) ὁ ἄνθρωπος θείας μετέσχε μοίρας. πρῶτον μὲν διὰ τὴν τοῦ θεοῦ συγγένειαν ζῴων μόνον θεοὺς ἐνόμισεν, καὶ ἐπεχείρησε βωμούς τε ἱδρύεσθαι καὶ ἀγάλματα θεῶν. ἔπειτα φωνὴν καὶ ὀνόματα ταχὺ διηρθρώσατο τῇ τέχνῃ, καὶ οἰκήσεις καὶ ἐσθῆτας καὶ ὑποδέσεις καὶ στρωμνὰς καὶ τὰς ἐκ γῆς τροφὰς ηὕρετο. [οὕτω δὴ παρεσκευασμένοι] κατ' ἀρχὰς ἄνθρωποι ᾤκουν σποράδην, πόλεις δὲ οὐκ ἦσαν […]. καὶ ἡ δημιουργικὴ τέχνη αὐτοῖς πρὸς μὲν τροφὴν ἱκανὴ βοηθὸς ἦν, πρὸς δὲ τὸν τῶν θηρίων

πόλεμον ἐνδεής —πολιτικὴν γὰρ τέχνην οὔπω εἶχον, ἧς μέρος

πολεμική—. ἐζήτουν δὴ ἀθροίζεσθαι καὶ σῴζεσθαι κτίζοντες

πόλεις. [30]

31) ὦ πατρίς, εἴθε πάντες οἳ ναίουσί σε οὕτω φιλοῖεν ὡς ἐγώ.[31]

32) κάλλος μὲν γὰρ ἢ χρόνος ἀνήλωσεν ἢ νόσος ἐμάρανεν. [32]

33) πολλὰς δὴ φιλίας ἀπροσηγορία διέλυσεν. [33]

34) εἶδος γάρ πού τι ἓν ἕκαστον εἰώθαμεν τίθεσθαι περὶ ἕκαστα

τὰ πολλά, οἷς ταὐτὸν ὄνομα ἐπιφέρομεν. ἢ οὐ μανθάνεις; [34]

---

[30] Platón, Protágoras 322a3-b8. "ἐπεχείρησε" en lugar de "ἐπεχείρει" en el original.
[31] Eurípides, fr. 360.
[32] Isócrates, Ad Demonicum 6.1
[33] Aristóteles, Ética nicomaquea 1157b13.
[34] Platón, República 596a5-8.

35) ὦ Κρίτων, τῷ Ἀσκληπιῷ ὀφείλομεν ἀλεκτρυόνα· ἀλλὰ ἀπόδοτε καὶ μὴ ἀμελήσητε. [35]

36) οἶνε, τὰ μέν σ' αἰνῶ, τὰ δὲ μέμφομαι· οὐδέ σε πάμπαν οὔτε ποτ' ἐχθαίρειν οὔτε φιλεῖν δύναμαι. ἐσθλὸν καὶ κακόν εἶ. τίς ἄν σέ τε μωμήσαιτο, τίς δ' ἂν ἐπαινήσειε μέτρον ἔχων σοφίας; [36]

37) {Θη.} ὦ πόλλ' ἁμαρτάνοντες ἄνθρωποι μάτην, τί δὴ τέχνας μὲν μυρίας διδάσκετε καὶ πάντα μηχανᾶσθε κἀξευρίσκετε, ἓν δ' οὐκ ἐπίστασθ' οὐδ' ἐθηράσασθέ πω· φρονεῖν διδάσκειν οἷσιν οὐκ ἔνεστι νοῦς;

---

[35] Platón, *Fedón* 118a7-8.
[36] Teognis, *Elegía* I.873.

{Ιπ.} δεινὸν σοφιστὴν εἶπας, ὅστις εὖ φρονεῖν τοὺς μὴ φρονοῦντας

δυνατός ἐστ' ἀναγκάσαι. [37]

38) ἀτεχνῶς οὖν ξένως ἔχω τῆς ἐνθάδε λέξεως. [38]

39) ἐλέγοντο οἱ Χαλδαῖοι ἄλκιμοι εἶναι. [39]

40) ἐμοὶ δοκεῖ οὑτοσί πάνυ εἶναι ὑβριστής. [40]

41) δίκαιος εἶ εἰπεῖν. [41]

42) ὦ φίλε Ἀλκιβιάδε, κινδυνεύεις τῷ ὄντι οὐ φαῦλος εἶναι. [42]

43) δῆλον ὅτι τέχνῃ καὶ ἐπιστήμῃ περὶ Ὁμήρου λέγειν ἀδύνατος

εἶ.[43]

---

[37] Eurípides, *Hipólito* 916-922.
[38] Platón, *Apología de Sócrates* 17d3.
[39] Jenofonte, *Anábasis* IV.3.4.
[40] Platón, *Apología de Sócrates* 26e.
[41] Platón, *Banquete* 214c.
[42] Platón, *Banquete* 218a.
[43] Platón, *Ion* 532c5-7.

44) τὸ ὂν λέγεται πολλαχῶς, ἀλλὰ πρὸς ἓν καὶ μίαν τινὰ φύσιν καὶ οὐχ ὁμωνύμως. [44]

45) ὁμώνυμα λέγεται <ταῦτα> ὧν ὄνομα μόνον κοινόν, ὁ δὲ κατὰ τοὔνομα λόγος τῆς οὐσίας ἕτερος, οἷον ζῷον ὅ τε ἄνθρωπος καὶ τὸ γεγραμμένον· τούτων γὰρ ὄνομα μόνον κοινόν, ὁ δὲ κατὰ τοὔνομα λόγος τῆς οὐσίας ἕτερος. [45]

46) δοκοῦσι γάρ μοι πάντες οἱ πρόσθεν εἰρηκότες οὐ τὸν θεὸν ἐγκωμιάζειν ἀλλὰ τοὺς ἀνθρώπους εὐδαιμονίζειν τῶν ἀγαθῶν ὧν ὁ θεὸς αὐτοῖς αἴτιος. [46]

---

[44] Aristóteles, *Metafísica* IV, 1, 1003a33-4.
[45] Aristóteles, *Categorías* 1a1-4.
[46] Platón, *Banquete* 194e.

47) τὸ γὰρ εὐσταθὲς σαρκὸς κατάστημα καὶ τὸ περὶ ταύτης πιστὸν ἔλπισμα τὴν ἀκροτάτην χαρὰν καὶ βεβαιοτάτην ἔχει τοῖς ἐπιλογίζεσθαι δυναμένοις. [47]

48) κόσμον τόνδε, τὸν αὐτὸν ἁπάντων, οὔτε τις θεῶν οὔτε ἀνθρώπων ἐποίησεν, ἀλλ' ἦν ἀεὶ καὶ ἔστιν καὶ ἔσται πῦρ ἀείζωον, ἁπτόμενον μέτρα καὶ ἀποσβεννύμενον μέτρα. [48]

49) γελᾶν ἅμα δεῖ καὶ φιλοσοφεῖν καὶ οἰκονομεῖν καὶ τοῖς λοιποῖς οἰκειώμασι χρῆσθαι καὶ μηδαμῇ λήγειν τὰς ἐκ τῆς ὀρθῆς φιλοσοφίας φωνὰς ἀφιέντας.[49]

---

[47] Epicuro, fr. 68 (Us.). En Plutarco, ὅτι οὐδ' ἡδέως ζῆν ἔστιν κατ' Ἐπίκουρον 1089d.
[48] Heráclito DK B 30.
[49] Epicuro, *Gnomologio Vaticano* 41.

50) σὺ δὲ πρὸς Διός, ὦ Εὐθύφρων, οὑτωσὶ ἀκριβῶς οἴει ἐπίστασθαι περὶ τῶν θείων καὶ τῶν ὁσίων τε καὶ ἀνοσίων; [...] οὐ αὖ σὺ ἀνόσιον πρᾶγμα τυγχάνεις πράττων;[50]

51) τραγικῶς κινδυνεύω λέγειν. κλεπτομένους γὰρ τοὺς μεταπεισθέντας λέγω καὶ τοὺς ἐπιλανθανομένους. τῶν μὲν γὰρ χρόνος, τῶν δὲ λόγος ἐξαιρούμενος λανθάνει.[51]

52) ὦ Σώκρατες, οὐ καταγνώσομαι σοῦ ὅπερ ἄλλων καταγιγνώσκω [...]. σὲ δὲ ἐγὼ ἔγνωκα ἐν τούτῳ τῷ χρόνῳ γενναιότατον καὶ πρᾳότατον καὶ ἄριστον ἄνδρα ὄντα τῶν πώποτε

---

[50] Platón, *Eutifrón* 4e4-8.
[51] Platón, *República* 413b4-6.

δεῦρο ἀφικομένων, καὶ δὴ καὶ νῦν εὖ οἶδ' ὅτι οὐκ ἐμοὶ

χαλεπαίνεις, γιγνώσκεις γὰρ τοὺς αἰτίους, ἀλλὰ ἐκείνοις. [...]

χαῖρέ τε καὶ πειρῶ ὡς ῥᾷστα φέρειν τὰ ἀναγκαῖα.[52]

53) ΣΩ.- ἀνθρώπων, ὦ Εὐθύφρων, τινὸς ἤκουσας

ἀμφισβητοῦντος ὡς τὸν ἀδίκως ἀποκτείναντα [...] οὐ δεῖ δίκην

διδόναι;

ΕΥΘ.- Οὐδὲν παύονται ταῦτα ἀμφισβητοῦντες καὶ ἄλλοθι καὶ ἐν

τοῖς δικαστηρίοις.[53]

---

[52] Platón, *Fedón* 116c1-d2.
[53] Platón, *Eutifrón* 8b10-c4.

54) καὶ ὁ Πρωταγόρας ἐμοῦ ταῦτα ἀκούσας, Σύ τε καλῶς

ἐρωτᾷς, ἔφη, ὦ Σώκρατες, καὶ ἐγὼ τοῖς καλῶς ἐρωτῶσι χαίρω

ἀποκρινόμενος. [54]

55) Ταῦτ' εἰπὼν ἐκεῖνος μὲν ἀνίστατο εἰς οἴκημά τι [...], καὶ ὁ

Κρίτων εἵπετο αὐτῷ, ἡμᾶς δ' ἐκέλευε περιμένειν. περιεμένομεν

οὖν πρὸς ἡμᾶς αὐτοὺς διαλεγόμενοι περὶ τῶν εἰρημένων καὶ

ἀνασκοποῦντες, τοτὲ δ' αὖ περὶ τῆς συμφορᾶς διεξιόντες ὅση

ἡμῖν γεγονυῖα εἴη, ἀτεχνῶς ἡγούμενοι ὥσπερ πατρὸς στερηθέντες

διάξειν ὀρφανοὶ τὸν ἔπειτα βίον. [55]

---

[54] Platón, *Protágoras* 318d5-7.
[55] Platón, *Fedón* 116a2-7.

56) ἴσως ἂν οὖν δόξειεν ἄτοπον εἶναι, ὅτι δὴ ἐγὼ ἰδίᾳ μὲν ταῦτα συμβουλεύω περιιὼν καὶ πολυπραγμονῶ, δημοσίᾳ δὲ οὐ τολμῶ ἀναβαίνων εἰς τὸ πλῆθος τὸ ὑμέτερον συμβουλεύειν τῇ πόλει. [56]

57) οὐ γὰρ ἔστιν ὅστις ἀνθρώπων σωθήσεται οὔτε ὑμῖν οὔτε ἄλλῳ πλήθει οὐδενὶ γνησίως ἐναντιούμενος καὶ διακωλύων πολλὰ ἄδικα καὶ παράνομα ἐν τῇ πόλει γίγνεσθαι. [57]

58) οἴνου δὲ μηκέτ' ὄντος οὐκ ἔστιν Κύπρις. [58]

---

[56] Platón, *Apología de Sócrates* 31c4-d1.
[57] Platón, *Apología de Sócrates* 31e2-4.
[58] Eurípides, *Bacantes* 773.

59) πόλις γὰρ εὖ ἀγομένη μεγίστη ὄρθωσίς ἐστι, καὶ ἐν τούτῳ πάντα ἔνεστι, καὶ τούτου σῳζομένου πάντα σῴζεται καὶ τούτου διαφθειρομένου τὰ πάντα διαφθείρεται. [59]

60) οὐδεὶς οὔτε εἰδὼς οὔτε οἰόμενος ἄλλα βελτίω εἶναι ἢ ἃ ποιεῖ, καὶ δυνατά, ἔπειτα ποιεῖ ταῦτα ἐξὸν τὰ βελτίω <ποιεῖν>. [60]

61){ΑΝ.} ὦ Σώκρατες, ῥᾳδίως μοι δοκεῖς κακῶς λέγειν ἀνθρώπους. ἐγὼ μὲν οὖν ἄν σοι συμβουλεύσαιμι, εἰ ἐθέλεις ἐμοὶ πείθεσθαι, εὐλαβεῖσθαι · ἴσως μὲν καὶ ἐν ἄλλῃ πόλει ῥᾷόν ἐστιν κακῶς ποιεῖν ἀνθρώπους ἢ εὖ <ποιεῖν>, ἐν τῇδε δὲ καὶ πάνυ· οἶμαι δὲ σὲ καὶ αὐτὸν εἰδέναι.[61]

---

[59] Demócrito, fr. 252, 4-7, ἔνι en el original (forma abreviada de ἔνεστι).
[60] Platón, Protágoras 358b7-c1.
[61] Platón, Menón 94e3-95a1.

62) εἰ ἐγὼ πάλαι ἐπεχείρησα πράττειν τὰ πολιτικὰ πράγματα, πάλαι ἂν ἀπολώλη καὶ οὔτ' ἂν ὑμᾶς ὠφελήκη οὐδὲν οὔτ' ἂν ἐμαυτόν. καί μοι μὴ ἄχθεσθε λέγοντι τἀληθῆ· οὐ γὰρ ἔστιν ὅστις ἀνθρώπων σωθήσεται οὔτε ὑμῖν οὔτε ἄλλῳ πλήθει οὐδενὶ γνησίως ἐναντιούμενος καὶ διακωλύων πολλὰ ἄδικα καὶ παράνομα ἐν τῇ πόλει γίγνεσθαι.[62]

63) οὐκ ἂν γένοιτο νοῦς κακὸς καλῶς φρονῶν.[63]

---

[62] Platón, *Apología de Sócrates* 31d7-e4.
[63] Sófocles, *Edipo rey* 600.

64) Ἐνούσης που ἐν ὄμμασιν ὄψεως καὶ ἐπιχειροῦντος τοῦ ἔχοντος χρῆσθαι αὐτῇ, παρούσης δὲ χρόας ἐν αὐτοῖς, ἐὰν μὴ παραγένηται γένος τρίτον ἰδίᾳ ἐπ'αὐτὸ τοῦτο πεφυκός, οἶσθα ὅτι ἥ τε ὄψις οὐδὲν ὄψεται, τά τε χρώματα ἔσται ἀόρατα.[64]

65) ΣΩΚΡ.- πῶς ἔχεις πρὸς ἐπιστήμην; σοι δοκεῖ ὥσπερ τοῖς πολλοῖς ἀνθρώποις; δοκεῖ δὲ τοῖς πολλοῖς περὶ ἐπιστήμης οὐχ ἡγεμονικὸν εἶναι. ἐνούσης πολλάκις ἀνθρώπῳ ἐπιστήμης διανοοῦνται οὐ τὴν ἐπιστήμην αὐτοῦ ἄρχειν ἀλλ' ἄλλο τι, τοτὲ μὲν θυμόν, τοτὲ δὲ ἡδονήν, ἀτεχνῶς διανοούμενοι περὶ τῆς

---

[64] Platón, *República* 507d11-e2.

ἐπιστήμης ὥσπερ περὶ ἀνδραπόδου. ἆρ' οὖν καὶ σοὶ τοιοῦτόν τι περὶ αὐτῆς δοκεῖ, ἢ καλόν τε εἶναι ἡ ἐπιστήμη καὶ δυνατὴ ἄρχειν τοῦ ἀνθρώπου, καὶ ἐάνπερ γιγνώσκῃ τις τἀγαθὰ καὶ τὰ κακά, μὴ κρατηθήσεται ὑπὸ μηδενός; [65]

66) {ΣΩ.} σκοπῶμεν, ὦ ἀγαθέ, κοινῇ, καὶ εἴ πῃ ἔχεις ἀντιλέγειν ἐμοῦ λέγοντος, ἀντίλεγε καί σοι πείσομαι· εἰ δὲ μή, παῦσαι ἤδη, ὦ μακάριε, πολλάκις μοι λέγων τὸν αὐτὸν λόγον, ὡς χρὴ ἐνθένδε ἀκόντων Ἀθηναίων ἐμὲ ἀπιέναι· ὡς ἐγὼ περὶ πολλοῦ ποιοῦμαι πείσας σε ταῦτα πράττειν, ἀλλὰ μὴ <σου> ἄκοντος. [...]

---

[65] Platón, *Protágoras* 352b1-c7.

οὐδενὶ τρόπῳ φαμὲν <ἡμᾶς> ἑκόντας ἀδικητέον εἶναι, ἢ τινὶ μὲν

ἀδικητέον τρόπῳ τινὶ δὲ οὔ; ἢ οὐδαμῶς τό γε ἀδικεῖν οὔτε ἀγαθὸν

οὔτε καλόν, ὡς πολλάκις ἡμῖν καὶ ἐν τῷ ἔμπροσθεν

χρόνῳ ὡμολογήθη; ἢ πᾶσαι ἡμῖν ἐκεῖναι αἱ πρόσθεν ὁμολογίαι

ἐν ταῖσδε ταῖς ὀλίγαις ἡμέραις ἐκκεχυμέναι εἰσίν, καὶ πάλαι,

ὦ Κρίτων, ἄρα τηλικοίδε ἄνδρες πρὸς ἀλλήλους σπουδῇ

διαλεγόμενοι ἐλάθομεν ἡμᾶς αὐτοὺς παίδων οὐδὲν διαφέροντες;

66

---

66 Platón, *Critón* 48d8-49b1.

67) ἢ καὶ ὥς φησιν Ἀριστοτέλης ἐν τῷ Προτρεπτικῷ ἐπιγεγραμμένῳ, ἐν ᾧ προτρέπει τοὺς νέους πρὸς φιλοσοφίαν· φησὶ γὰρ οὕτως· "εἰ μὲν φιλοσοφητέον, φιλοσοφητέον, καὶ εἰ μὴ φιλοσοφητέον, φιλοσοφητέον· πάντως ἄρα φιλοσοφητέον"· εἰ μὲν γὰρ ἔστι <ἡ φιλοσοφία>, πάντως ὀφείλομεν φιλοσοφεῖν οὔσης αὐτῆς, εἰ δὲ μὴ ἔστι, καὶ οὕτως ὀφείλομεν ζητεῖν πῶς οὐκ ἔστιν ἡ φιλοσοφία· ζητοῦντες δὲ φιλοσοφοῦμεν, ἐπειδὴ τὸ ζητεῖν αἰτία τῆς φιλοσοφίας ἐστί.[67]

---

[67] Aristóteles, *Protréptico* fr. 51 Rose (= Elías, *Comentario a la Isagogé de Porfirio* 3.17-23).

68) δεῖ γὰρ καὶ αἱρέσεις ἐν ὑμῖν εἶναι, ἵνα οἱ δόκιμοι φανεροὶ γένωνται ἐν ὑμῖν.[68]

69) καὶ εἰ μέν τι ἀπὸ τούτων ἀπέλαυον καὶ μισθὸν λαμβάνων ταῦτα παρεκελευόμην, εἶχον ἄν τινα λόγον.[69]

70) νῦν δέ εἰ τριάκοντα μόναι μετέπεσον τῶν ψήφων, ἀπεπεφεύγη ἄν.[70]

71) εἰ τὰ ποιητικὰ τῶν περὶ τοὺς ἀσώτους ἡδονῶν ἔλυε τοὺς φόβους τῆς διανοίας τούς τε περὶ μετεώρων καὶ θανάτου καὶ ἀλγηδόνων, ἔτι τε τὸ πέρας τῶν ἐπιθυμιῶν <καὶ τῶν

---

[68] Cf. *Corintos* 11:19: Nam oportet haereses esse, ut qui probati sunt manifesti fiant in nobis.
[69] Platón, *Apología de Sócrates* 31b5-7.
[70] Platón, *Apología de Sócrates* 36a5-6.

ἀλγηδόνων> ἐδίδασκεν, οὐκ ἄν ποτε εἴχομεν ὅ τι μεμψαίμεθα αὐτοῖς πανταχόθεν ἐκπληρουμένοις τῶν ἡδονῶν καὶ οὐδαμόθεν οὔτε τὸ ἀλγοῦν οὔτε τὸ λυπούμενον ἔχουσιν, ὅπερ ἐστὶ τὸ κακόν.[71]

72) {ΣΩ.} Δεινὸν γάρ που, ὦ παῖ, εἰ πολλαί τινες ἐν ἡμῖν ὥσπερ ἐν δουρείοις ἵπποις αἰσθήσεις ἐγκάθηνται, ἀλλὰ μὴ εἰς μίαν τινὰ ἰδέαν, εἴτε ψυχὴν εἴτε ὅτι δεῖ καλεῖν, πάντα ταῦτα συντείνει, ᾗ διὰ τούτων οἷον ὀργάνων αἰσθανόμεθα ὅσα αἰσθητά.[72]

---

[71] Epicuro, *Máxima capital* 10.
[72] Platón, *Teeteto* 184d1-5

73) τὸ δὲ καθόλου βέλτιον ἴσως ἐπισκέψασθαι καὶ διαπορῆσαι

πῶς λέγεται, καίπερ προσάντους τῆς τοιαύτης ζητήσεως

γινομένης διὰ τὸ φίλους ἄνδρας εἰσαγαγεῖν τὰ εἴδη. δόξειε δ' ἂν

ἴσως βέλτιον εἶναι καὶ δεῖν ἐπὶ σωτηρίᾳ γε τῆς ἀληθείας καὶ τὰ

οἰκεῖα ἀναιρεῖν, ἄλλως τε καὶ φιλοσόφους ὄντας· ἀμφοῖν γὰρ

ὄντοιν φίλοιν ὅσιον προτιμᾶν τὴν ἀλήθειαν.[73]

74) ἆρ' οὖν καὶ τόδε ὁμολογοῦμεν, ὅταν ἐπιστήμη παραγίγνηται

τρόπῳ τοιούτῳ, ἀνάμνησιν εἶναι; λέγω δὲ τίνα τρόπον; τόνδε.

ἐάν τίς τι ἕτερον ἢ ἰδὼν ἢ ἀκούσας ἤ τινα ἄλλην αἴσθησιν

---

[73] Aristóteles, *Ética nicomaquea* I 6, 1096a11-17.

λαβὼν μὴ μόνον ἐκεῖνο γνῷ, ἀλλὰ καὶ ἕτερον ἐννοήσῃ οὗ μὴ ἡ

αὐτὴ ἐπιστήμη ἀλλ' ἄλλη, ἆρα οὐχὶ τοῦτο δικαίως λέγομεν ὅτι

ἀνεμνήσθη, οὗ τὴν ἔννοιαν ἔλαβεν; [74]

75) ἐπειδὴ οὖν ἡ φύσις δίχα ἐτμήθη, ποθοῦν ἕκαστον τὸ ἥμισυ τὸ

αὑτοῦ συνῄει, καὶ περιβάλλοντες τὰς χεῖρας καὶ συμπλεκόμενοι

ἀλλήλοις, ἐπιθυμοῦντες συμφῦναι, ἀπέθνησκον ὑπὸ λιμοῦ καὶ

τῆς ἄλλης ἀργίας διὰ τὸ μηδὲν ἐθέλειν χωρὶς ἀλλήλων ποιεῖν.

καὶ ὁπότε τι ἀποθάνοι τῶν ἡμίσεων, τὸ δὲ λειφθείη, τὸ λειφθὲν

---

[74] Platón, *Fedón* 73c4-d1

ἄλλο ἐζήτει καὶ συνεπλέκετο, εἴτε γυναικὸς τῆς ὅλης ἐντύχοι

ἡμίσει—ὃ δὴ νῦν γυναῖκα καλοῦμεν—εἴτε ἀνδρός· καὶ οὕτως

ἀπώλλυντο. [75]

76) ἀπορήσειε δ' ἄν τις πῶς ὑπολαμβάνων ὀρθῶς ἀκρατεύεταί

τις. ἐπιστάμενον μὲν οὖν οὔ φασί τινες οἷόν τε εἶναι· δεινὸν

γὰρ ἐπιστήμης ἐνούσης, ὡς ᾤετο Σωκράτης, ἄλλο τι κρατεῖν καὶ

περιέλκειν αὐτὴν ὥσπερ ἀνδράποδον. Σωκράτης μὲν γὰρ ὅλως

ἐμάχετο πρὸς τὸν λόγον ὡς οὐκ οὔσης ἀκρασίας· οὐθένα γὰρ

ὑπολαμβάνοντα πράττειν παρὰ τὸ βέλτιστον, ἀλλὰ δι' ἄγνοιαν.

οὗτος μὲν οὖν ὁ λόγος ἀμφισβητεῖ τοῖς φαινομένοις ἐναργῶς. [76]

---

[75] Platón, *Banquete* 191a5-b5
[76] Aristóteles, *Ética nicomaquea* 1145b21-28.

77) καὶ δή ποτε καὶ εἰς Δελφοὺς ἐλθὼν ἐτόλμησε τοῦτο μαντεύσασθαι—καί, ὅπερ λέγω, μὴ θορυβεῖτε, ὦ ἄνδρες—ἤρετο γὰρ δὴ εἴ τις ἐμοῦ εἴη σοφώτερος. ἀνεῖλεν οὖν ἡ Πυθία μηδένα σοφώτερον εἶναι. [77]

78) καὶ ἐγὼ τὸν Εὔηνον ἐμακάρισα εἰ ὡς ἀληθῶς ἔχοι ταύτην τὴν τέχνην καὶ οὕτως ἐμμελῶς διδάσκει. [78]

79) – ἀλλὰ πρῶτον εὐλαβηθῶμέν τι πάθος μὴ πάθωμεν.

– Τὸ ποῖον;

---

[77] Platón, *Apología de Sócrates* 21a4-7.
[78] Platón, *Apología de Sócrates* 20b9-c1. Variantes de aparato crítico: para ἔχει (que traen todos los códices) el Par. 1810 trae ἔχοι; para διδάσκει (que trae B), T y W traen διδάσκοι.

– <εὐλαβηθῶμεν> μὴ γενώμεθα μισόλογοι, ὥσπερ οἱ μισάνθρωποι γιγνόμενοι · ὡς οὐκ ἔστιν ὅτι ἄν τις μεῖζον τούτου κακὸν πάθοι ἢ λόγους μισήσας. γίγνεται δὲ ἐκ τοῦ αὐτοῦ τρόπου μισολογία τε καὶ μισανθρωπία.[79]

80) Καὶ γὰρ οὖν καὶ τοῦτο ἐν τοῖς πρώτοις παρέλιπον, ὅτι καὶ οἱ λόγοι αὐτοῦ ὁμοιότατοί εἰσι τοῖς σιληνοῖς τοῖς διοιγομένοις. εἰ γὰρ ἐθέλοι τις τῶν Σωκράτους ἀκούειν λόγων, φανεῖεν ἂν πάνυ γελοῖοι τὸ πρῶτον· τοιαῦτα καὶ ὀνόματα καὶ ῥήματα ἔξωθεν περιαμπέχονται, σατύρου δή τινα ὑβριστοῦ δοράν. ὄνους γὰρ κανθηλίους λέγει καὶ χαλκέας τινὰς καὶ σκυτοτόμους

---

[79] Platón, *Fedón* 89c11-d4.

καὶ βυρσοδέψας, καὶ ἀεὶ διὰ τῶν αὐτῶν τὰ αὐτὰ φαίνεται λέγειν, ὥστε ἄπειρος καὶ ἀνόητος ἄνθρωπος πᾶς ἂν τῶν λόγων καταγελάσειεν. διοιγομένους δὲ ἰδὼν ἄν τις καὶ ἐντὸς αὐτῶν γιγνόμενος πρῶτον μὲν νοῦν ἔχοντας ἔνδον μόνους εὑρήσει τῶν λόγων, ἔπειτα θειοτάτους καὶ πλεῖστα ἀγάλματ' ἀρετῆς ἐν αὐτοῖς ἔχοντας καὶ ἐπὶ πλεῖστον τείνοντας, μᾶλλον δὲ ἐπὶ πᾶν ὅσον προσήκει σκοπεῖν τῷ μέλλοντι καλῷ κἀγαθῷ ἔσεσθαι.[80]

81) ὦ τεχνικώτατε Θεύθ, ἄλλος μὲν τεκεῖν δυνατὸς τὰ τέχνης, ἄλλος δὲ κρῖναι τίν' ἔχει μοῖραν βλάβης τε καὶ ὠφελίας τοῖς μέλλουσι χρῆσθαι· καὶ νῦν σύ, πατὴρ ὢν γραμμάτων, δι' εὔνοιαν

---

[80] Platón, *Banquete* 221d7-222a6.

τοὐναντίον εἶπες ἢ δύναται. τοῦτο γὰρ τῶν μαθόντων λήθην μὲν ἐν ψυχαῖς παρέξει μνήμης ἀμελετησίᾳ, ἅτε διὰ πίστιν γραφῆς ἔξωθεν ὑπ' ἀλλοτρίων τύπων, οὐκ ἔνδοθεν αὐτοὺς ὑφ' αὑτῶν ἀναμιμνησκομένους· οὔκουν μνήμης ἀλλὰ ὑπομνήσεως φάρμακον ηὗρες. σοφίας δὲ τοῖς μαθηταῖς δόξαν, οὐκ ἀλήθειαν πορίζεις.[81]

82) καὶ μήν, ἔφη ὁ Κέβης ὑπολαβών, καὶ κατ' ἐκεῖνόν γε τὸν λόγον, ὦ Σώκρατες, εἰ ἀληθής ἐστιν, ὃν σὺ εἴωθας θαμὰ λέγειν, ὅτι ἡμῖν ἡ μάθησις οὐκ ἄλλο τι ἢ ἀνάμνησις τυγχάνει οὖσα, καὶ κατὰ τοῦτον ἀνάγκη που ἡμᾶς ἐν προτέρῳ τινὶ χρόνῳ

---

[81] Platón, *Fedro* 274e7-275a7.

μεμαθηκέναι ἃ νῦν ἀναμιμνησκόμεθα. τοῦτο δὲ ἀδύνατον, εἰ μὴ ἦν που ἡμῖν ἡ ψυχὴ πρὶν ἐν τῷδε τῷ ἀνθρωπίνῳ εἴδει γενέσθαι· ὥστε καὶ ταύτῃ ἀθάνατον ἡ ψυχή τι ἔοικεν εἶναι. ἀλλά, ὦ Κέβης, ἔφη ὁ Σιμμίας ὑπολαβών, ποῖαι τούτων αἱ ἀποδείξεις; ὑπόμνησόν με· οὐ γὰρ σφόδρα ἐν τῷ παρόντι μέμνημαι. [82]

83) ἐὰν μή, ἦν δ' ἐγώ, ἢ οἱ φιλόσοφοι βασιλεύσωσιν ἐν ταῖς πόλεσιν ἢ οἱ βασιλῆς τε νῦν λεγόμενοι καὶ δυνάσται φιλοσοφήσωσι γνησίως τε καὶ ἱκανῶς, καὶ τοῦτο εἰς ταὐτὸν συμπέσῃ, δύναμίς τε πολιτικὴ καὶ φιλοσοφία, τῶν δὲ νῦν πορευομένων χωρὶς ἐφ' ἑκάτερον αἱ πολλαὶ φύσεις ἐξ ἀνάγκης

---

[82] Platón, *Fedón* 72e3-73a6.

ἀποκλεισθῶσιν, οὐκ ἔστι κακῶν παῦλα, ὦ φίλε Γλαύκων, ταῖς πόλεσι, δοκῶ δ' οὐδὲ τῷ ἀνθρωπίνῳ γένει, οὐδὲ αὕτη ἡ πολιτεία μή ποτε πρότερον φυῇ τε εἰς τὸ δυνατὸν καὶ φῶς ἡλίου ἴδῃ, ἣν νῦν λόγῳ διεληλύθαμεν. ἀλλὰ τοῦτό ἐστιν ὃ ἐμοὶ πάλαι ὄκνον ἐντίθησι λέγειν, ὁρῶντι ὡς πολὺ παρὰ δόξαν ῥηθήσεται· χαλεπὸν γὰρ ἰδεῖν ὅτι οὐκ ἂν ἄλλη τις εὐδαιμονήσειεν οὔτε ἰδίᾳ οὔτε δημοσίᾳ.[83]

84) τὸ τοίνυν ἕτερον μάνθανε τμῆμα τοῦ νοητοῦ λέγοντά με τοῦτο οὗ αὐτὸς ὁ λόγος ἅπτεται τῇ τοῦ διαλέγεσθαι δυνάμει, τὰς ὑποθέσεις ποιούμενος οὐκ ἀρχὰς ἀλλὰ τῷ ὄντι ὑποθέσεις,

---

[83] Platón, República 473c11-e5.

οἷον ἐπιβάσεις τε καὶ ὁρμάς, ἵνα μέχρι τοῦ ἀνυποθέτου ἐπὶ τὴν

τοῦ παντὸς ἀρχὴν ἰών, ἁψάμενος αὐτῆς, πάλιν αὖ ἐχόμενος

τῶν ἐκείνης ἐχομένων, οὕτως ἐπὶ τελευτὴν καταβαίνῃ, αἰσθητῷ

παντάπασιν οὐδενὶ προσχρώμενος, ἀλλ' εἴδεσιν αὐτοῖς δι' αὐτῶν

εἰς αὐτά, καὶ τελευτᾷ εἰς εἴδη.[84]

85) πάντες ἄνθρωποι τοῦ εἰδέναι ὀρέγονται φύσει. σημεῖον δ' ἡ

τῶν αἰσθήσεων ἀγάπησις· καὶ γὰρ χωρὶς τῆς χρείας ἀγαπῶνται δι'

αὐτάς, καὶ μάλιστα τῶν ἄλλων ἡ διὰ τῶν ὀμμάτων. οὐ γὰρ μόνον

ἵνα πράττωμεν ἀλλὰ καὶ μηθὲν μέλλοντες

---

[84] Platón, *República* 511b3-c2.

πράττειν τὸ ὁρᾶν αἱρούμεθα ἀντὶ πάντων ὡς εἰπεῖν τῶν ἄλλων.

αἴτιον δ' ὅτι μάλιστα ποιεῖ γνωρίζειν ἡμᾶς αὕτη τῶν αἰσθήσεων

καὶ πολλὰς δηλοῖ διαφοράς.[85]

86) πειρῶ δέ μοι, ἔφη, τὸν νοῦν προσέχειν ὡς οἷόν τε μάλιστα. ὃς

γὰρ ἂν μέχρι ἐνταῦθα πρὸς τὰ ἐρωτικὰ παιδαγωγηθῇ, θεώμενος

ἐφεξῆς τε καὶ ὀρθῶς τὰ καλά, πρὸς τέλος ἤδη ἰὼν τῶν ἐρωτικῶν

ἐξαίφνης κατόψεταί τι θαυμαστὸν τὴν φύσιν καλόν, τοῦτο

ἐκεῖνο, ὦ Σώκρατες, οὗ δὴ ἕνεκεν καὶ οἱ ἔμπροσθεν πάντες πόνοι

ἦσαν, πρῶτον μὲν ἀεὶ ὂν καὶ οὔτε γιγνόμενον οὔτε ἀπολλύμενον,

οὔτε αὐξανόμενον οὔτε φθίνον, ἔπειτα οὐ τῇ μὲν καλόν, τῇ δ'

---

[85] Aristóteles, *Metafísica* 980a21-27.

αἰσχρόν, οὐδὲ τοτὲ μέν, τοτὲ δὲ οὔ, οὐδὲ πρὸς μὲν τὸ καλόν, πρὸς δὲ τὸ αἰσχρόν, οὐδ' ἔνθα μὲν καλόν, ἔνθα δὲ αἰσχρόν, ὡς τισὶ μὲν ὂν καλόν, τισὶ δὲ αἰσχρόν· οὐδ' αὖ φαντασθήσεται αὐτῷ τὸ καλὸν οἷον πρόσωπόν τι οὐδὲ χεῖρες οὐδὲ ἄλλο οὐδὲν ὧν σῶμα μετέχει, οὐδέ τις λόγος οὐδέ τις ἐπιστήμη, οὐδέ που ὂν ἐν ἑτέρῳ τινι, οἷον ἐν ζῴῳ ἢ ἐν γῇ ἢ ἐν οὐρανῷ ἢ ἔν τῳ ἄλλῳ, ἀλλ' αὐτὸ καθ' αὑτὸ μεθ' αὑτοῦ μονοειδὲς ἀεὶ ὄν, τὰ δὲ ἄλλα πάντα καλὰ ἐκείνου μετέχοντα τρόπον τινὰ τοιοῦτον, οἷον γιγνομένων τε τῶν ἄλλων καὶ ἀπολλυμένων μηδὲν ἐκεῖνο μήτε τι πλέον μήτε ἔλαττον γίγνεσθαι μηδὲ πάσχειν μηδέν.[86]

---

[86] Platón, *Banquete* 210e1-211b5.

87) (1) κόσμος πόλει μὲν εὐανδρία, σώματι δὲ κάλλος, ψυχῆι δὲ σοφία, πράγματι δὲ ἀρετή, λόγωι δὲ ἀλήθεια· τὰ δὲ ἐναντία τούτων ἀκοσμία. ἄνδρα δὲ καὶ γυναῖκα καὶ λόγον καὶ ἔργον καὶ πόλιν καὶ πρᾶγμα χρὴ τὸ μὲν ἄξιον ἐπαίνου ἐπαίνωι τιμᾶν, τῶι δὲ ἀναξίωι μῶμον ἐπιτιθέναι · ἴση γὰρ ἁμαρτία καὶ ἀμαθία μέμφεσθαί τε τὰ ἐπαινετὰ καὶ ἐπαινεῖν τὰ μωμητά. [...] (6) ἢ γὰρ Τύχης βουλήμασι καὶ θεῶν κελεύσμασιν καὶ Ἀνάγκης ψηφίσμασιν ἔπραξεν ἃ ἔπραξεν, ἢ βίαι ἁρπασθεῖσα, ἢ λόγοις πεισθεῖσα, <ἢ ἔρωτι ἁλοῦσα>. εἰ μὲν οὖν διὰ τὸ πρῶτον, ἄξιος αἰτιᾶσθαι ὁ αἰτιώμενος· θεοῦ γὰρ προθυμίαν ἀνθρωπίνηι προμηθίαι ἀδύνατον κωλύειν. πέφυκε γὰρ οὐ τὸ κρεῖσσον ὑπὸ τοῦ

ἥσσονος κωλύεσθαι, ἀλλὰ τὸ ἧσσον ὑπὸ τοῦ κρείσσονος ἄρχεσθαι

καὶ ἄγεσθαι, καὶ τὸ μὲν κρεῖσσον ἡγεῖσθαι, τὸ δὲ ἧσσον ἕπεσθαι.

θεὸς δ' ἀνθρώπου κρεῖσσον καὶ βίαι καὶ σοφίαι καὶ τοῖς ἄλλοις.

εἰ οὖν τῆι Τύχηι καὶ τῶι θεῶι τὴν αἰτίαν ἀναθετέον, [ἢ] τὴν

Ἑλένην τῆς δυσκλείας ἀπολυτέον. [...] (7) εἰ δὲ βίαι ἡρπάσθη

καὶ ἀνόμως ἐβιάσθη καὶ ἀδίκως ὑβρίσθη, δῆλον ὅτι ὁ <μὲν>

ἁρπάσας ὡς ὑβρίσας ἠδίκησεν, ἡ δὲ ἁρπασθεῖσα ὡς ὑβρισθεῖσα

ἐδυστύχησεν.[87]

---

[87] Gorgias, *Encomio de Helena* (DK B 11).

88) ἴσως ἂν οὖν δόξειεν ἄτοπον εἶναι, ὅτι δὴ ἐγὼ ἰδίᾳ μὲν

ταῦτα συμβουλεύω περιιὼν καὶ πολυπραγμονῶ, δημοσίᾳ δὲ οὐ

τολμῶ ἀναβαίνων εἰς τὸ πλῆθος τὸ ὑμέτερον συμβουλεύειν τῇ

πόλει. τούτου δὲ αἴτιόν ἐστιν ὃ ὑμεῖς ἐμοῦ πολλάκις ἀκηκόατε

πολλαχοῦ λέγοντος, ὅτι μοι θεῖόν τι καὶ δαιμόνιον γίγνεται

[φωνή], ὃ δὴ καὶ ἐν τῇ γραφῇ ἐπικωμῳδῶν Μέλητος ἐγράψατο.

ἐμοὶ δὲ τοῦτ' ἔστιν ἐκ παιδὸς ἀρξάμενον, φωνή τις γιγνομένη, ἣ

ὅταν γένηται, ἀεὶ ἀποτρέπει με τοῦτο ὃ ἂν μέλλω πράττειν,

προτρέπει δὲ οὔποτε. τοῦτ' ἔστιν ὅ μοι ἐναντιοῦται τὰ πολιτικὰ

πράττειν, καὶ παγκάλως γέ μοι δοκεῖ ἐναντιοῦσθαι· εὖ γὰρ ἴστε, ὦ

ἄνδρες Ἀθηναῖοι, εἰ ἐγὼ πάλαι ἐπεχείρησα πράττειν τὰ πολιτικὰ πράγματα, πάλαι ἂν ἀπολώλη καὶ οὔτ' ἂν ὑμᾶς ὠφελήκη οὐδὲν οὔτ' ἂν ἐμαυτόν. καί μοι μὴ ἄχθεσθε λέγοντι τἀληθῆ· οὐ γὰρ ἔστιν ὅστις ἀνθρώπων σωθήσεται οὔτε ὑμῖν οὔτε ἄλλῳ πλήθει οὐδενὶ γνησίως ἐναντιούμενος καὶ διακωλύων πολλὰ ἄδικα καὶ παράνομα ἐν τῇ πόλει γίγνεσθαι, ἀλλ' ἀναγκαῖόν ἐστι τὸν τῷ ὄντι μαχούμενον ὑπὲρ τοῦ δικαίου, καὶ εἰ μέλλει ὀλίγον χρόνον σωθήσεσθαι, ἰδιωτεύειν ἀλλὰ μὴ δημοσιεύειν. [88]

89) ὅσῳ αὐτίτης καὶ μονώτης εἰμί, φιλομυθότερος γέγονα. [89]

---

[88] Platón, *Apología de Sócrates* 31c4-32a3.
[89] Aristóteles, fr. 688.

17

Primera página de la *República* de Platón[1]

---

[1] Πλάτωνος, ΠΟΛΙΤΕΙΑ, ed. I. Burnet, Oxford Classical Texts, 1902.

ΠΟΛΙΤΕΙΑ

Α   I.

ΣΩΚΡΑΤΗΣ

Κατέβην χθὲς εἰς Πειραιᾶ μετὰ Γλαύκωνος τοῦ Ἀρίστωνος a
προσευξόμενός τε τῇ θεῷ καὶ ἅμα τὴν ἑορτὴν βουλόμενος
θεάσασθαι τίνα τρόπον ποιήσουσιν ἅτε νῦν πρῶτον ἄγοντες.
καλὴ μὲν οὖν μοι καὶ ἡ τῶν ἐπιχωρίων πομπὴ ἔδοξεν εἶναι,
οὐ μέντοι ἧττον ἐφαίνετο πρέπειν ἣν οἱ Θρᾷκες ἔπεμπον. 5
προσευξάμενοι δὲ καὶ θεωρήσαντες ἀπῆμεν πρὸς τὸ ἄστυ. b
κατιδὼν οὖν πόρρωθεν ἡμᾶς οἴκαδε ὡρμημένους Πολέμαρχος
ὁ Κεφάλου ἐκέλευσε δραμόντα τὸν παῖδα περιμεῖναί ἑ
κελεῦσαι. καί μου ὄπισθεν ὁ παῖς λαβόμενος τοῦ ἱματίου,
Κελεύει ὑμᾶς, ἔφη, Πολέμαρχος περιμεῖναι. Καὶ ἐγὼ 5
μετεστράφην τε καὶ ἠρόμην ὅπου αὐτὸς εἴη. Οὗτος, ἔφη,
ὄπισθεν προσέρχεται· ἀλλὰ περιμένετε. Ἀλλὰ περιμενοῦ-
μεν, ἦ δ' ὃς ὁ Γλαύκων.

Καὶ ὀλίγῳ ὕστερον ὅ τε Πολέμαρχος ἧκε καὶ Ἀδείμαντος c
ὁ τοῦ Γλαύκωνος ἀδελφὸς καὶ Νικήρατος ὁ Νικίου καὶ
ἄλλοι τινὲς ὡς ἀπὸ τῆς πομπῆς.

Ὁ οὖν Πολέμαρχος ἔφη· Ὦ Σώκρατες, δοκεῖτέ μοι πρὸς
ἄστυ ὡρμῆσθαι ὡς ἀπιόντες. 5

Οὐ γὰρ κακῶς δοξάζεις, ἦν δ' ἐγώ.

Ὁρᾷς οὖν ἡμᾶς, ἔφη, ὅσοι ἐσμέν;

ΠΟΛΙΤΕΙΑ Aristoteles: Πολιτεία ἢ περὶ δικαίου Thrasyllus: ΠΟΛΙ-
ΤΕΙΑΣ πρῶτον F: ΠΟΛΙΤΕΙΑΙ ἢ περὶ δικαίου AD: ΠΟΛΙΤΕΙΑΙ M
Ο3 ἄλλοι ADM: ἄλλοι πολλοί F   ὡς AFM: om. D

Bibliografía citada

Parte primera. Un método filosófico

Adam, J. (1902), *The Republic of Plato*, Cambridge, Cambridge University Press.
Aubenque, P. (1999), *La prudencia en Aristóteles*, Barcelona, Crítica
Borges, J.L. (1974), *Obras completas*, Buenos Aires, Emecé.
Chantraine, P. (1945), *Morphologie Historique du Grec*, Klincksieck.
Colli, G. (2008), *La naturaleza ama esconderse*, Madrid, Siruela.
Conde, O. (2001), "Las lenguas clásicas: sintaxis y didáctica", en Juliá, V. (ed.), *Los antiguos griegos y su lengua*, Buenos Aires, Biblos.
Eco, U. (2008), *Decir casi lo mismo*, Barcelona, Lumen.
Fontoynont, V. (1944), *Vocabulario griego comentado y basado en textos*, versión castellana de L. Ribot Armendia, Santander, Sal Terrae.
Gadamer, H.G.(1993), *Verdad y método I*, Salamanca, Sígueme.
Gadamer, H.G. (1998), *Verdad y método II*, Salamanca, Sígueme.
Gallego Pérez, M.T. (1992), "La enseñanza del vocabulario del griego antiguo", en Lasso de la Vega, J. (ed.), *La enseñanza de las lenguas clásicas*, Madrid, Rialp.
Leroux, G. (2002), *Platon. Republique*, Paris, Flammarion.
García Romero, F. (1992), "La selección de textos griegos", en Lasso de la Vega, J. (ed.), *La enseñanza de las lenguas clásicas*, Madrid, Rialp.

Guariglia, O. (1997), *La ética en Aristóteles o la moral de la virtud*, Buenos Aires, Eudeba.

Heidegger, M. (2014), *Heráclito*, Buenos Aires, El Hilo de Ariadna, 2014.

Hernández Muñoz, F. (1992), "La traducción", en Lasso de la Vega, J. (ed.), *La enseñanza de las lenguas clásicas*, Madrid, Rialp.

Humbert, J. (1972), *Syntaxe grecque*, Klincksieck.

Jaeger, W. (1960), "Aristotle's use of medicine as model in ethics", en Jaeger, W., *Scripta Minora*, vol.II, Roma.

Joachim, H.H. (1955), *Aristotle. The Nicomachean Ethics*, Oxford, Oxford University Press.

Juliá, V. (2001), *Los antiguos griegos y su lengua*, Buenos Aires, Biblos.

Mascialino, L. (2014), *Guía para el aprendizaje del griego clásico I*, Buenos Aires, UNSAM Edita (4ta edición al cuidado de Victoria Juliá y Esteban Bieda).

Meschonnic, H. (2009), *Ética y política del traducir*, Buenos Aires, Leviatán.

Nussbaum, M. (1986), *The Fragility of Goodness*, Cambridge, Cambridge University Press.

Sinnot, E. (2007), *Aristóteles. Ética nicomaquea*, Buenos Aires, Colihue.

Smyth, H.W. (1920), *A greek grammar for colleges*, New York, American Book Company.

Torres, D.A. (2015), *Método filológico-didáctico para el estudio del griego clásico*, Buenos Aires, Editorial de la FFyL.

Vigo, A. (2005), "El optativo llamado oblicuo o de subordinación", en Mascialino, L. & Juliá, V., *Guía para el aprendizaje del Griego clásico II*, Buenos Aires, Baudino.

Woolf, V. (1925), "On not knowing Greek", en *The common Reader*, New York, Harcourt.

Antología de textos griegos

Aristóteles, *Categoriae*, edited by L. Minio-Paluello, Oxford, Clarendon Press, 1949.
Aristóteles, *Ethica Nicomachea*, edited by I. Bywater, Oxford, Clarendon Press, 1894.
Aristóteles, *Metaphysica*, edited by W.D. Ross, Oxford, Clarendon Press, 1924.
Aristóteles, *Politica*, edited by W.D. Ross, Oxford, Clarendon Press, 1957.
Aristóteles, *Protrepticus*, edited by I. Düring, Stockholm, Almqvist, 1961.
Clemente de Alejandría, *Stromata*, edited by O. Stahlin, L. Fruchtel & U. Treu, Berlin, Academie Verlag, 1960.
Demócrito de Abdera, *Die Fragmente der Vorsokratiker*, edited by H. Diels & W. Kranz, Dublin, Weidmann, 1951.
Epicuro, *Epicurea*, edited by H. Usener, Leipzig, Teubner, 1887.
Epicuro, *Opere*, edited by G. Arrighetti, Turin, Einaudi, 1973.
Esopo, *Fabulae*, edited by A. Hausrath & H. Hunger, Leipzig, Teubner, 1959.
Estobeo, *Anthologium*, edited by C. Wachsmuth & O. Hense, Berlin, Weidman, 1884.
Eurípides, *Fragmenta*, edited by A. Nauck, Leipzig, Teubner, 1889.
Eurípides, *Tragedies*, edited by L. Méridier, Paris, Les Belles Lettres, 1927.
Gorgias de Leontinos, *Die Fragmente der Vorsokratiker*, edited by H. Diels & W. Kranz, Dublin, Weidmann, 1951.
Heráclito de Abdera, *Die Fragmente der Vorsokratiker*, edited by H. Diels & W. Kranz, Dublin, Weidmann, 1951.
Homero, *Ilias*, edited by T.W. Allen, Oxford, Clarendon Press, 1931.
Isócrates, *Discours*, edited by G. Mathieu & E. Bremond, Paris, Les Belles Lettres, 1929.

Jenofonte, *Opera omnia*, edited by E.C. Marchant, Oxford, Clarendon Press, 1910.

Lisias, *De caede Eratosthenis*, edited by U. Albini, Florence, Sansoni, 1955.

Menandro, *Fragmenta*, edited by A. Korte & A. Thierfelder, Leipzig, Teubner, 1959.

Platón, *Platonis opera*, edited by J. Burnet, Oxford, Clarendon Press, 1900-1907.

Plutarco, *De liberis educandis*, edited by F.C. Babbitt, Cambridge, Harvard University Press, 1927.

Simónides, *Fragmenta*, edited by J.U. Powell, Oxford, Clarendon Press, 1925.

Sófocles, *Fabulae*, edited by A. Dain & P. Mazon, Paris, Les Belles Lettres, 1960.

Teognis, *Elegiae*, edited by E. Diehl, Leipzig, Teubner, 1928

www.ingramcontent.com/pod-product-compliance
Lightning Source LLC
Chambersburg PA
CBHW031146160426
43193CB00008B/269